監修者——五味文彦／佐藤信／高埜利彦／宮地正人／吉田伸之

［カバー表写真］
郡山遺跡II期官衙外郭南辺材木塀

［カバー裏写真］
蕨手刀と馬具
（江釣子古墳群五条丸支群出土）

［扉写真］
江釣子古墳群猫谷地1号墳

日本史リブレット 11

蝦夷の地と古代国家

Kumagai Kimio
熊谷公男

目次

古代蝦夷(エミシ)の世界へ

古代、東北地方から北海道にかけての地域には、蝦夷(エミシ)と呼ばれる人びとが住んでいた。彼らは、東北南部以南に住み列島の住民の大多数を占める倭人《わじん》(和人)▲や、樺太《からふと》・沿海州《えんかいしゅう》方面などのさらに北方の人びととの接触・交流をとおしてみずからの生活文化を変革しながらも、倭人とは異なる文化要素を保持し続けた。その点で彼らは、熊襲《くまそ》・隼人《はやと》▲や南島▲の人びとともに、古代日本列島において異文化を保持するマイノリティーであった。古代王権《おうけん》は、異文化集団を中核とする彼らを〝夷狄《いてき》〟として位置づけ、差別・支配の対象としながらも、さまざまな形で交流も行った。彼らの研究をすることは、日本人が日ごろあまり意識することのない列島における異文化集団の存在の問題を研究するこ

▼倭人(和人)　倭人とは、古代中国人が用いた日本列島(倭)の住民の呼称。また和人は、幕末《ばくまつ》以降、アイヌ人から狭い意味での日本人を区別するために使用された。ここでは、列島周縁部の蝦夷・隼人などの異文化集団を除いた列島の住民を「倭人」と呼ぶことにする。

▼熊襲・隼人　いずれも南九州の住民をさす呼称であるが、古くは熊襲を用い、隼人は七世紀以降に一般化する。古代国家は、蝦夷と同様に彼らも異文化集団としてとらえ、隼人の舞《まい》などの特殊な技能によって国家に奉仕する集団として編成した。

▼南島　古代における薩南《さつなん》諸島・奄美《あまみ》諸島・琉球《りゅうきゅう》諸島の総称。七世紀ごろから、掖玖《やく》(屋久島《やくしま》)・多禰《たね》(種子島《たねがしま》)・阿麻弥《あまみ》(奄美大島)・度感《とかん》(徳之島《とくのしま》)などが朝貢《ちょうこう》してくるようになる。

とにもつながるのである。
紀元前五世紀ごろ、朝鮮半島から北部九州へ水稲耕作・金属器をともなう新しい文化が伝わり弥生《やよい》文化が成立すると、この新しい文化は急速に列島内に広がり、それまで日本列島をおおっていた縄文《じょうもん》文化に取ってかわっていく。しかし東北北部（青森・岩手・秋田）・北海道には、弥生文化や古墳《こふん》文化は限定的にしか伝わらず、その後も縄文文化の系統の文化が存続する。これを続《ぞく》縄文文化▲という。七世紀以降、続縄文文化はさらに擦文《さつもん》文化▲へと展開していった。

このように水稲耕作を中核とした弥生文化の形成後も、列島の北部には続縄文—擦文文化という異文化圏が形成されるが、この北方の文化と南の倭人文化（弥生文化—古墳文化）は東北・北海道を舞台に接触・交流を繰り返していった。古代蝦夷の文化は、このような南北両世界の文化の接触・交流のなかから形成されてくるのである。古代蝦夷研究の第一の問題は、それぞれ弥生文化と縄文文化を起源とする南北両系統の文化の接触と変容の問題ということになる。この点では、とくに考古資料が多くの情報を提供してくれる。

しかし古代蝦夷の問題には、もう一つ重要な側面がある。それは蝦夷《えみし》とは、

▼**続縄文文化**　縄文文化に続く、北海道から東北北部にかけての地域の文化。弥生文化の成立以降、この地域では弥生文化の影響を受けつつも、稲作は一部を除いて受容されず、狩猟・漁撈を中心とする生業をはじめとして、縄文文化の伝統が色濃く残った。弥生文化の時期に相当する前期と、古墳文化の時期に相当する後期に分けられる。東北北部に続縄文文化が南下してくる後期は、土器《どき》形式からいうと、三・四世紀の後北《こうほく》C2・D式期と、五・六世紀の北大《ほくだい》式期にさらに分けられる。

▼**擦文文化**　続縄文文化に続いて、七世紀から十二世紀ごろにかけて北海道を中心に分布する文化。東北北部や樺太にも広がる。擦文土器は本州の土師器《はじき》の影響を受けて成立する土器で、器面に擦痕《さっこん》、あるいはハケメ痕をほどこすところからこの呼称がつけられた。カマド付きの隅丸方形《すみまるほうけい》の竪穴住居《たてあなじゅうきょ》

をはじめとして、須恵器《すえき》・鉄器など、とくに物質文化において倭人文化の影響が顕著である。生業は狩猟・漁撈を中心としたが、オオムギやアワなどの雑穀栽培も行った。

▼王化　君主《くんしゅ》の徳によって人びとを教化すること。

●――日本史と北方史の時代区分対照表

世　紀	日本史	北　方　史
	縄文時代	縄文時代
B.C.5？		
	弥生時代	続縄文時代（前期）
A.D.3～4		
	古墳時代	続縄文時代（後期）
A.D.7		
	飛鳥時代	擦文時代（前期）
A.D.8		
	奈良時代	擦文時代（前期）
A.D.9		
	平安時代	擦文時代（後期）
A.D.12		
	鎌倉時代	アイヌ文化時代

古代東北・北海道の住民がみずからそう名乗ったのではなく、古代王権が、列島の東北方に住む〝王化《おうか》▲〟に従わない人びとを異質な民とみなし、一括して呼んだ呼称であったということである。したがって「蝦夷」とは、中国の華夷《かい》思想（中華《ちゅうか》思想）の影響を受けた王権の政治イデオロギーとしての性格を濃厚にもった概念であって、実体的な種族名や民族名とは次元を異にするものであった。のちに述べるように、「蝦夷」と呼ばれた人びとの生活文化は、必ずしも一様ではなかったのである。したがって文化の形成という側面だけから蝦夷の研究を行うことはできない。もう一方で古代王権における「蝦夷」概念の設定と支配の問題の考察が不可欠となる。この点では、文献史料による研究が必須となる。

　このように古代蝦夷の研究は、東北・北海道地域における文化・社会の歴史的展開と、そのような北方地域に対する王権の政治的認識、および支配政策の両面からの考察が必要とされるのである。

①――蝦夷とは何か

蝦夷アイヌ説と非アイヌ説

「蝦夷《えみし》とは何か」という問題には長い研究史がある。江戸時代以来、蝦夷アイヌ説（異民族説）が支配的であったが、戦後は蝦夷非アイヌ説（辺民《へんみん》説▲）が優勢となる。しかし現在では、双方の説とも一面的で、蝦夷の多様な存在形態を十分に把握している見解とはいえないことが明らかになっている。

蝦夷アイヌ説については、アイヌ文化が形成されるのが十三世紀以降のことであるから、そもそも古代にアイヌ民族が存在していたといえるか、という問題がある。また蝦夷は稲作農耕や馬飼《うまかい》（牧馬）など、アイヌ民族が保持していなかった文化を南方の倭人《わじん》から受け入れており、この点でアイヌ民族と明らかに異なっていた。さらに蝦夷に関する文献史料のほとんどすべては古代国家に連なる人びとの手によって記されたもので、蝦夷を〝化外《けがい》▲の野蛮人〟とする主張が色濃く投影されているが、そのような性格をもつ文献史料に対する批判が十分でないことも、この説の問題点としてあげられる。

▼**辺民**　古代国家の辺境に住んでいて、その政治支配になかなか服さなかった人びとのこと。人種的には倭人と同じとみる。

▼**化外**　華夷思想で王化のおよんでいない地域のことで、国家の辺境や外国をさす。

●――続縄文土器（江別《えべつ》市町村農場遺跡出土）

●—擦文土器（青森県蓬《よもぎ》田《た》村小《こ》館《だて》遺跡出土）

▼アイヌ語系地名　北海道のアイヌ語地名には、語尾に「ナイ」（小川・沢の意、稚内《わっかない》・静内《しずない》など）や「ベツ」（大川の意、登別《のぼりべつ》・紋別《もんべつ》など）がつく地名が多いが、山田秀三氏の研究によって、東北北部にも同類型の地名が数多く存在することが明らかにされた。とくに山間部や津軽《つがる》・下北《しもきた》半島の海岸部などに濃厚に分布し、その南限は、太平洋側では宮城県北部、日本海側では秋田・山形県境辺り。これは古墳時代に古墳がつくられた北限とほぼ一致する。

一方、蝦夷非アイヌ説のほうは、文献史料への批判的意識が強く、史料にみえる狩猟・肉食といった蝦夷の風俗・習慣に関する記述の信憑性について否定的であるが、それらに誇張が含まれていることは明らかであっても、そのすべてを否定してしまうことは困難と思われる。また近年の考古学的な調査の進展によって、東北地方北部では続縄文《ぞくじょうもん》土器・擦文《さつもん》土器などの北海道系の土器をはじめとして、続縄文文化系統の土壙墓《どこうぼ》や黒曜石《こくようせき》製の石器《せっき》が各地で出土しており、この地域の人びとが倭人とは異なる北方系の文化を保持していたことも否定できなくなっている。さらに山田秀三氏らの研究によって、東北地方北部には―ナイ、―ベツなどのアイヌ語系地名▲が多数残存することが明らかにされたことから、この地域にはかつてアイヌ語系統の言語を話す人びとが住んでいたと考えられる。これに古代には蝦夷の訳語《おさ》（通訳）がおかれていたことを勘案すると、蝦夷の言語はアイヌ語系統であったとみてよい。

このように、古代の蝦夷がのちのアイヌ民族に通じる面をもっていたことは否定しがたいが、だからといってアイヌ民族と同一視することはできないのである。あくまでも古代の列島北部に居住していた人びとであって、歴史的な存在であったことを忘れるべきではない。〝蝦夷はアイヌか、それとも辺境に住んでいた倭人か〟という二者択一的な議論にもともと無理があったのである。

蝦夷観念の成立

そもそも〝蝦夷はアイヌか、それとも倭人か〟という問題設定には、人種の生物学的特徴や民族の社会的・文化的特徴を所与のものとして実体視し、それを長期にわたって不変であるとみる通念が前提となっているが、このような人種観・民族観は現在では完全に過去のものとなってしまった。民族はもちろんのこと、人種といえども、さまざまな要因によって歴史的に形成され、たえず変容していくものであり、けっして固定的なものでないことは、人類学・考古学・歴史学・社会学などさまざまな学問分野の研究から明らかとなっている。この点はアイヌも倭人もけっして例外ではないのである。

古代の蝦夷もまた歴史的な存在であった。列島の東北辺にあたる東北・北海道地域では、弥生《やよい》時代以降、南方の倭人文化と北海道に中心をもつ続縄文文化が接触・交流を繰り返しながら独自の文化が生成、展開しつつあった。一方、

▼**倭王武の上表文**　五世紀の倭王はあいついで中国南朝宋に使節を派遣し、冊封《さくほう》（「安東将軍倭国王」などの官爵《かんしゃく》を授かり、皇帝の臣下になること）を受けた。彼らを倭の五王《ごおう》と総称するが、倭王武はその最後の王で、四七八年に宋に使者を送って皇帝に上表文を奉呈し、高句麗《こうくり》並みの高い官爵を要求するが、認められず、以後、一世紀以上にわたって中国との外交関係が途絶えてしまう。

▼**『山海経』**　中国古代の地理書。各地の山に産する動植物や鉱物について記述するが、山川に住む怪物や神々についての神話・伝承も含み、さらに中国周辺の国の住民や伝説などについても記す。作者は不明であるが、戦国時代から

国家形成期にあたっていた倭《わ》《やまと》王権《おうけん》はしだいに国家意識を明確にもつようになり、華夷《かい》思想の影響のもとで列島の周縁部の異文化集団を〝化外の民《たみ》〟として認識し始めるようになる。そのことを明瞭に示すのが、倭王武《ぶ》が四七八年に南《なん》朝宋《ちょうそう》の皇帝に提出した上表文《じょうひょうぶん》▲の冒頭部分である。そこには「封国《ほうこく》は偏遠《へんえん》にして、藩を外に作《な》す。昔より祖禰《そでい》、躬《みずか》ら甲冑を擐《つらぬ》き、山川を跋渉《ばっしょう》し、寧処《ねいしょ》に遑《いとま》あらず。東は毛人《もうじん》を征すること五十五国、西は衆夷《しゅうい》を服すること六十六国、渡りて海北を平ぐること九十五国」と記されている。ここで倭国の東方の住民を「毛人」と呼んでいることが注目される。

『山海経《せんがいきょう》』▲によれば、中国の東北の辺境には全身に毛のはえた人びとの住む「毛民国《もうみんこく》」があるとされており、上表文の「毛人」もこの観念の影響を受けた呼称と思われる。奈良時代には「毛人」はエミシと読まれ、「蝦夷」と同義に用いられるが、ここは「衆夷」との対比から考えてもおそらくのちの蝦夷概念とまったく同じではなく、むしろ『日本書紀《にほんしょき》』景行《けいこう》天皇二十七年二月壬子《じんし》条に「東夷《あずまのひな》の中に、日高見国《ひだかみのくに》▲有り。其の国の人、男女並《ならび》に椎結《ついけい》・文身《ぶんしん》▲し、為人勇悍《ひととなりゆうかん》なり。是《これ》総《す》べて蝦夷《えみし》と曰《い》う」とみえ、同四十年七月戊戌《ぼじゅつ》条にも「其の東夷の中に、蝦夷は是尤《もっと》も

秦《しん》・漢《かん》時代にかけて成立したと推定される。

▼日高見国　大和《やまと》からみた蝦夷の住地の美称。日高見とは「日の高み」すなわち「日が高く昇る」の意であるから、日高見国とは「日が高く昇ってくる東方の国」という意味で、本来は固有名詞ではなく、大和や常陸《ひたち》をそう呼ぶこともあった。しかし倭王権の支配領域の拡大にともなってしだいに東方に移動していき、やがてもっぱら陸奥国の蝦夷の住地をさすようになる。さらにこの呼称は陸奥国の大河と結びつき、ヒダカミ→キタカミと変化して「北上《きたかみ》川」という呼称が誕生する。

▼椎結・文身　椎はつち（槌）で、椎結は髪をつちの形のようにゆうこと。文身は、身体の入れ墨。いずれも倭人と異なる習俗をもっていることを示すが、事実とは限らない。

強《こわ》し」とある「東夷」に近い概念で、東国《とうごく》の人びとをも広く含んだ言葉と解される。したがって、ここにみえる「毛人」は原初的な蝦夷観念といってよく、蝦夷観念成立の前段階を示すものと位置づけられよう。

一方、『日本書紀』敏達《びだつ》天皇十（五八一）年には蝦夷の「魁帥《ひとごのかみ》」（族長）綾糟《あやかす》が来朝して、ヤマトの泊瀬《はつせ》川（初瀬川）の河原で服属儀礼《ふくぞくぎれい》を行っていることがみえる。この記事は記述が具体的で、七世紀以降の蝦夷の服属儀礼のあり方とも明らかに異なっているので（一二〜三ページ参照）、六世紀代の事実を反映しているとみてよい。とすれば、遅くとも六世紀後半には倭王権が列島の東北辺の人びとを蝦夷と呼び、一定の政治的関係を結んでヤマトの王宮《おうきゅう》まで朝貢《ちょうこう》させていたことになる。

今泉隆雄氏は、大化改新《たいかのかいしん》の段階で倭王権が国造制《くにのみやつこせい》▲の施行された外側の住民を蝦夷として把握していたことを指摘している。国造制は、六世紀前半から半ばの時期にかけて成立したとみられるが、これに右の綾糟の服属儀礼の記事を考えあわせると、国造制の成立にともなって蝦夷観念が形成されたとみるのが、もっとも可能性の高い想定のように思われる。そこで本書では、蝦夷観念の成

▼**国造制**　六世紀前半代に成立した倭王権の地方支配制度で、地域の有力首長を国造に任命してクニの支配を世襲的に行わせた。国造の支配領域には王権に帰属するミヤケ（屯倉）やベ（部）が設置され、それらの管理・支配が国造の重要な職務であった。

▼**『史記』**　前漢《ぜんかん》の司馬遷《しばせん》（前一四五〜前八六）が著わした紀伝体《きでんたい》の歴史書。二十四史の第一で、前九一年ごろに成立。黄《こう》帝から前漢の武《ぶ》帝までを記した正史《せいし》。

▼**『礼記』**　漢代に成立した儒教の古典で、五経《ごきょう》の一つ。儒者《じゅしゃ》の古い礼（風俗・習慣）に関する説を集めて整理したもの。

立時期を六世紀半ばごろとみておく。

蝦夷観念と蝦夷支配

『日本書紀』景行天皇四十年七月条には、景行天皇が蝦夷について、

其の東夷の中に、蝦夷は是尤《もっと》も強《こわ》し。男女交《まじ》り居《い》て、父子別無《わきため》し。冬は穴に宿《い》ね、夏は樔《す》に住む。毛を衣《き》、血を飲み、昆弟《えおと》相疑う。山に登ること飛《とぶ》禽《とり》の如く、草を行くこと走獣《はしるしし》の如し。恩を承けては忘れ、怨《あた》を見ては必ず報ゆ。……

と、日本武尊《やまとたけるのみこと》に向かって説明して聞かせる有名なくだりがある。この文章には『史記《しき》』▲『礼記《らいき》』▲『文選《もんぜん》』▲といった漢籍の文章を借りてきた表現がみられ、蝦夷の習俗の客観的な記述とみなすことはできない。しかし古代国家の蝦夷観念がストレートに示されているという点で重要な意味をもつ。古代国家によれば、蝦夷は〝化内《けない》の民〟である一般の倭人とは大きく異なる人びとで、人の道にはずれた獣のような心と、自然のままの野蛮な性質をもっているというのである。八〇二(延暦《えんりゃく》二十一)年、坂上田村麻呂《さかのうえのたむらまろ》▲はみずから引きつれて入京した蝦夷の族長阿《あ》

▼『文選』　中国の周から南朝梁《りょう》にいたる約一〇〇〇年間の優れた文章や詩賦《しふ》を選んで文体別、時代順に編集した詩文集。梁の昭明《しょうめい》太子蕭統《しょうとう》編で、六世紀前半の成立。

▼坂上田村麻呂　七五八～八一一年。平安時代初期の武将。三八年戦争(四二ページ参照)で中央政府の苦戦が続くなか、桓武《かんむ》天皇の側近の武官《ぶかん》から征夷副将軍《せいいふくしょうぐん》に抜擢され、七九四(延暦十三)年の征夷で戦功を立てて、いちやく武人として名をあげた。七九七(延暦十六)年、征夷大将軍に任じられ、八〇一(延暦二十)年に胆沢《いさわ》の平定に成功する。ついで胆沢城・志波《しわ》城を造営。八〇五(延暦二十四)年に征夷の中止が決定されたあとは、右近衛《うこのえ》大将・大納言《だいなごん》など中央の要職を歴任する。清水寺《きよみずでら》を創建したと伝えられる。

弖流為《てるい》と母礼《もれ》が処刑されることになったときに二人の助命を嘆願するが、公卿《くぎょう》たちは「野性獣心にして、反覆して定めなし」としてこぞって反対する。右のような蝦夷観念は、この「野性獣心」という言葉にもっとも端的に示されている。『日本書紀』で景行天皇の言葉とされている蝦夷に関する記述は、古代貴族《きぞく》が一般的に蝦夷にいだいていた蔑視の観念を、『日本書紀』の編者が漢籍の表現を借りながら机上で述作したにすぎないものなのである。

エミシは「蝦夷」と表記されることが一般的であったが、この用字には古代国家の蝦夷観念のもう一つの重要な側面が示されている。まず「蝦夷」の「夷」が華夷思想で中国の東方の化外の民とされる「東夷」の「夷」に由来することは明らかであるから、「蝦夷」観念は日本的な華夷思想によって生み出されたことになる。つぎに「蝦」はエビのことであるが、中国でエビは長いひげやひげが多いことのシンボルとされた。六五九(斉明《さいめい》天皇五)年の遣唐使《けんとうし》は蝦夷の男女二人を同道して皇帝に謁見《えっけん》しているが、そのときのことを記した『通典《つてん》』は「鬚《ひげ》の長さ四尺」と蝦夷のひげが長かったことを特記している。したがって「蝦夷」の「蝦」は「蝦夷」と呼ばれた人びとが長鬚、あるいは多鬚であることを示そうとした文字とみて

▼阿弖流為　?〜八〇二年。胆沢地方(奥州市周辺)の蝦夷の族長。大墓《おおはか》公の姓を有し、阿弖利為ともいう。七八九(延暦八)年、征東将軍紀古佐美《きのこさみ》の率いる征夷軍のうち北上川の東岸に渡河してきた四〇〇〇人と戦い、巧みな作戦でこれを破る。しかし八〇一(延暦二十)年、征夷大将軍坂上田村麻呂が四万人の兵力で胆沢の蝦夷の制圧に成功し、翌八〇二年に胆沢城を築き始めると、阿弖流為は母礼とともに一族五〇〇人を率いて投降した。同年八月河内《かわち》国で処刑される。

▼母礼　?〜八〇二年。盤具《いわとも》公の姓を有する。胆沢地方の蝦夷の族長で、阿弖流為とともに中央政府軍と戦った。坂上田村麻呂による胆沢の蝦夷の制圧後の八〇二(延暦二十一)年、阿弖流為とともに投降し、同年八月河内国で処刑された。

▼反覆　背く、裏切ること。

▼『通典』　唐《とう》の杜佑《とゆう》が著わした法制書。二〇〇巻。八〇一年ごろ成立。古代から唐代にいたる制度の変遷を内容によって分類して年代順に記述したもの。

●中華世界と夷狄の概念図

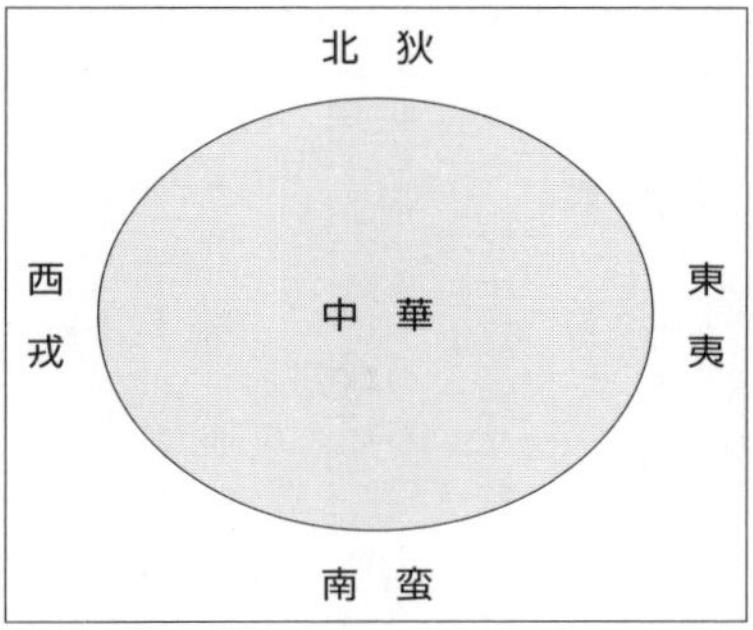

よい。またエミシのもう一つの用字である「毛人」は、毛深い人びとであることを示そうとしたものに相違ないから、「蝦」に通じる。すなわち、古代国家の蝦夷観念のもう一つの重要な構成要素は、「蝦夷」と呼ばれた人びとは長いひげないしは多毛という外貌を備えているということであった。

　このように、古代王権が主張・喧伝した蝦夷観念とは、「野性獣心」の性質と〝多毛〟の外貌とを備えた異俗《いぞく》・異相《いそう》の民、という内容をもつものであった。もちろん、このような蝦夷観念は華夷思想の影響のもとに構成された支配イデオロギーであって、多くの誇張や虚構を含むものであったから、これを事実と混同するようなあやまちをおかしてはならない。しかしもう一方で、「蝦夷」と呼ばれた人びとの多くが、実際に倭人と異なる文化を保有していたことも、現在においては否定できない事実なのである。古代国家の蝦夷観念は、列島の東北方に実在していた異文化集団を核としながらも、それを誇張、歪曲して構想された支配イデオロギーととらえるのが妥当と思われる。

　蝦夷観念は王権による蝦夷支配と分かちがたく結びついていた。華夷思想の影響のもとに構想された蝦夷観念は、蝦夷をいまだ王化《おうか》に浴していない、異俗・異相の〝化外の民〟として位置づけ、古代王権によるその支配を正当化するという現実的な機能を担っていた。したがって蝦夷観念の成立は、王権による蝦夷支配の開始と一体のものであったと考えられる。

華夷思想は、西嶋定生氏が指摘しているように、自己の世界である中華《ちゅうか》▲と外部の夷狄《いてき》▲の世界を区別し、夷狄を差別することを基本とするが、そのことを前提としたうえで、徳治《とくち》主義▲を背景とする王化思想と結びつき、天子《てんし》のもとに朝貢してくる夷狄は、天子の徳を慕って来朝したものとみなされて受け入れられ、天子は彼らにも徳化をおよぼすことが責務とされたのである。このように華夷思想は、尊大な差別主義を基本としつつも寛大な同化主義もあわせもつという相矛盾する契機を内包するところに大きな特色があったといえるが、この点はその影響のもとに構想された蝦夷観念においても同様であり、古代王権の蝦夷支配も、やはり差別と同化の両側面をもっていた。

律令制《りつりょうせい》▲以前においては、服属した蝦夷はヤマトの王宮まで来朝し、ツキ（調、みつぎもの）を貢納し、王権の守護神に忠誠を誓うという服属儀礼を行っていた。さきにもふれたが、『日本書紀』の敏達紀によれば、蝦夷の族長綾糟が来朝して

▼**中華**　世界の中心にあってもっとも文化の進んでいるところ。

▼**夷狄**　周辺の野蛮な異民族。

▼**徳治主義**　為政者の徳によって天下をおさめることを理想とする儒教の政治思想。

▼**律令制**　中国で発達した法体系である律令を模範とし、日本の国情にあわせて編纂された日本律令を基本法とした支配体制。通常は七〇一（大宝元）年の大宝律令の制定をもって律令制の成立とみるので、律令制以前とは大宝律令施行以前をさす。

泊瀬川の河原で服属儀礼を行っている。綾糟はヤマトの聖山である三諸岳《みもろのおか》(三《み》輪山《わやま》)に向かい、水をすすって子々孫々までの王権への忠誠を天地の諸神と代々の天皇の祖霊にかけて誓ったという。七世紀後半の斉明朝には、王宮のある飛鳥《あすか》の一角に須弥山《しゅみせん》の石像をつくり、そのもとで蝦夷をはじめとする化外の民の服属儀礼を行っている。

七〇一(大宝《たいほう》元)年の大宝令▲の施行を境にしてこのような服属儀礼は廃止され、元日に大極殿《だいごくでん》・朝堂院《ちょうどういん》で行われる朝賀《ちょうが》に蝦夷も参列することが王都《おうと》への朝貢でもっとも重要な行事となる。朝賀は現神《あきつみかみ》(明神)としての天皇への拝礼(ミカドオガミ)を本質とする儀式であるが、その際に貴族・官人たちが朝堂院に位階《いかい》の秩序に従って整列するとともに、蝦夷・隼人《はやと》や、ときには新羅《しらぎ》▲・渤海《ぼっかい》▲の使節も参列した。朝賀は、臣下《しんか》が神としての天皇に対する忠誠を誓う場であるとともに、天皇を頂点とする古代王権が蝦夷・隼人などの化外の民や新羅・渤海などの諸蕃を従えた〝小帝国〟であることを、参列した貴族・官人たちに視覚的に顕示する儀礼でもあった。蝦夷の朝賀への参列は、日本の律令国家が〝小帝国〟であることの証しという意味をもっていたのである。

▼**大宝令**　七〇一(大宝元)年に制定・施行。一一巻。現存しないが、『令集解《りょうのしゅうげ》』に引用された大宝令の注釈書である古記《こき》などによって部分的に条文を復原することができる。内容的には養老令とあまり違わなかったようである。

▼**新羅**　古代朝鮮の国家。四世紀中ごろ建国。高句麗・百済《くだら》とともに朝鮮三国の一国であったが、七世紀末に朝鮮半島を統一。九三五年に滅亡。

▼**渤海**　六九八年、旧高句麗領を中心とした地域に高句麗人や靺《まつ》鞨《かつ》人によって建国。当初、震国《しんこく》と称した。唐・新羅に対抗するため、日本に接近策をとり、七二七年に国交樹立。出羽国には何度か渤海使・渤海人の来航があった。

服属儀礼や朝賀の場は、蝦夷が化外の民であることを確認、維持する場という意味をもっていた。このような儀礼空間では、当然のことながら、蝦夷は貴族・官人層などの〝化内の民〟とは区別して扱われた。また在地においても、通常は服属した蝦夷をただちに公民《こうみん》身分に編入するということは行われず、「蝦夷」あるいは「俘囚《ふしゅう》」という身分に▲編成して、公民とは異なる支配方式がとられた。このような点は蝦夷政策における差別主義的な側面といってよい。

ところが儒教《じゅきょう》思想では、もう一方で、君主《くんしゅ》は帰順した化外の民をみずからの徳によって感化し、教導することが求められたから、蝦夷を化外の民のままに放置しておくことは、儒教的な君主像に反することになった。事実、養老令《ようろうりょう》▲の戸令《こりょう》に「化外の人、化に帰せば、所在の国郡、衣粮《いろう》を給え。……化外の人は、寛《ひろ》き国に貫附《かんぷ》して安置せよ」と規定されているように、化外の民の到来があると、それは「帰化▲」とみなされ、「貫附」すなわち本貫《ほんがん》(本籍地)を定めて戸籍につけることが原則とされていた。このような政治理念からすれば、蝦夷の服属もまた「帰化」とみなされ、貫附して公民にすることが律令国家の君主に求められることになる。実際にも、たとえば七一〇(和銅《わどう》三)年四月には、陸奥《むつ》の蝦夷が君姓《きみ》▲

▼**蝦夷身分と俘囚身分**　服属した蝦夷は、その存在形態により「蝦夷」身分と「俘囚」身分に区分されて律令国家の支配を受けた。「蝦夷」身分とは、集団の形態を保ったままその族長をとおして国家の支配を受けた蝦夷集団。「俘囚」身分とは、城柵の近傍に居住し、個別にその支配を受けた蝦夷。

▼**養老令**　七一八(養老《ようろう》二)年ごろに成立するが、施行は七五七(天平宝字《てんぴょうほうじ》元)年。養老令そのものは現存しないが、その内容は平安初期に編纂された『令義解《りょうのぎげ》』『令集解』などによって知ることができる。ごく一部に大宝令を大幅に改変した条文もあるが、大半は大宝令と同文か、字句の形式的な修正にとどまる。大宝令が散逸してしまったので、日本令の研究は養老令の条文によって行うのが一般的。

▼**帰化**　王化に帰服すること。

を授かって、一般の公民と同じように編戸《へんこ》の民▲になることを許されているし、七三〇（天平《てんぴょう》二）年正月にも、陸奥国の田夷《たい》▲村の蝦夷が郡家《ぐうけ》（郡の役所）を建てて、百姓《ひゃくせい》（良民身分）となることを認められている。後者は田夷を中心に組織された遠田郡《とおだ》▲の建郡を意味すると考えられる。

要するに、古代国家の蝦夷政策は、みずからの〝小帝国〟構造を維持するために蝦夷を化外の民として編成・支配し、彼らを一般の公民と身分的に区別することを原則としつつも、王化の実を示し、王権の支配基盤を拡大するために、彼らの一部を百姓身分に編入することも行った。古代国家の蝦夷政策は、いわば差別主義を基本としつつも、同化主義的政策もあわせて行うもので、内部に矛盾する契機をはらむものであったが、それは中華思想の特質を引き継いだものだったのである。

蝦夷の地の範囲

蝦夷とは、古代王権が、列島の東北方に住む人びとにあたえた呼称であったが、それではどのような範囲の人びとが蝦夷と呼ばれたのであろうか。

▼**君姓**　和我《わが》君、遠田君などの地名＋君（七五九〈天平宝字三〉年以降は公と表記）のカバネという類型の姓。

▼**編戸の民**　戸籍の作成をとおして戸に編成された民ということで、公民のこと。

▼**田夷**　水稲耕作を主要な生業とする蝦夷。

▼**遠田郡**　現在の宮城県遠田郡美里《みさと》町周辺。

かつて蝦夷アイヌ説が不動の定説であったころには、エミシ(蝦夷)はエゾ(蝦夷)=アイヌであり、それは日本列島の先住民、すなわち縄文人の生き残りであると考えられていた。このような通念は、蝦夷はもともと日本列島の広汎な地域に居住していたが、ヤマトの勢力の進出によってしだいに北方に追いやられ、最終的には北海道のアイヌ民族となったという図式(シェーマ)を生み出す。この図式はしごく明快で、人びとに受け入れられやすい素地をもっていたが、蝦夷を一個の人種として実体視している点と、その形質的特徴を長期にわたって固定的にとらえている点で、現在の研究水準からみれば完全に〝俗説〟に成りさがってしまったといってよい。

事実は、はるかに複雑であった。日本列島の住民は、稲作農耕の受容による農業革命や朝鮮半島、あるいは樺太《からふと》・沿海州《えんかいしゅう》方面との交流などにより、たえずその文化内容、さらには形質的特徴さえも変化させていったとみられるし、すでに指摘したように、「蝦夷」とは古代国家が特定の時期に政治的意図から設定した種族概念であって、「蝦夷」と呼ばれた人びとの文化は地域によって差異があった。また蝦夷のうち北海道や本州の最北端に住んでいた人びとは、系譜的

▼磐井の乱 六世紀前半に筑紫《つくし》(福岡県付近)で起こった大規模な反乱。『日本書紀』は磐井が新羅から賄賂を受けて近江毛野《おうみのけの》の率いる新羅征討軍をさえぎったとするが、その信憑性には疑問がある。『日本書紀』は磐井を筑紫国造と記すが、『古事記《こじき》』『風土記《ふどき》』には筑紫君とのみあるので、磐井は国造ではなかった可能性が高い。このことなどから、磐井の乱後に国造制が施行されたとみる説が有力視されている。

にいえば近世のアイヌ民族の先祖にあたるとみられるが、その彼らにしてもけっして近世アイヌと同じ文化内容をもっていたわけではない。さらに「蝦夷」と呼ばれた人びとの居住範囲も、政治権力によって上から設定されたものということから、時期による変動もある程度はあったが、当初から比較的固定していたのである。そこでここでは、以下の記述の前提となる蝦夷の地の範囲について述べておきたい。

倭王権は、六世紀前半に起こった磐井《いわい》の乱《らん》▲の平定をきっかけとして地方支配の強化に乗りだし、地方の有力首長《しゅちょう》を国造《くにのみやつこ》に任じていった。既述のように、この国造制の施行にともない、その外側の住民を蝦夷と呼んで把握するようになったとみられる。「国造本紀《こくぞうほんぎ》」▲には、陸奥地域では「伊久《いく》国造」▲や「思国造」▲があり、越後《えちご》地域と思われる国造としては高志《こし》国造▲・久比岐《くびき》国造▲・高志深江《こしのふかえ》国造▲があげられる。したがって「国造本紀」からみると、国造制の北限は、太平洋側では宮城県南部の伊具《いぐ》・亘理《わたり》地域、日本海側では新潟県中部の長岡《ながおか》市付近ということになる。

一方、残存史料や遺跡《いせき》から蝦夷の地の南限をたどってみると、日本海側の沿

▼**「国造本紀」**　九世紀中ごろに成立した『先代旧事本紀《せんだいくじほんぎ》』に収録。全国一三五の国造の初任時期・名前・系譜などを記す。六〜七世紀代に成立した原史料を用いているとみられる。

▼**伊久国造**　「伊久」はのちの伊具郡で、現在の宮城県角田《かくだ》市・伊具郡丸森《まるもり》町の地域。

▼**思国造**　「思」は「亘理」の誤記とみるのが一般的。その場合、宮城県亘理郡亘理町・山元《やまもと》町の地域。

▼**高志国造**　新潟県長岡市周辺か。

▼**久比岐国造**　「久比岐」はクビキで、「頸城《くびき》」と表記することが一般的。のちの越後国頸城郡に相当し、現在の新潟県西部。

▼**高志深江国造**　近年、平城京跡から「越後国沼垂郡深江□」と書かれた天平八(七三六)年の木簡が出土したので、新潟市周辺に比定される。

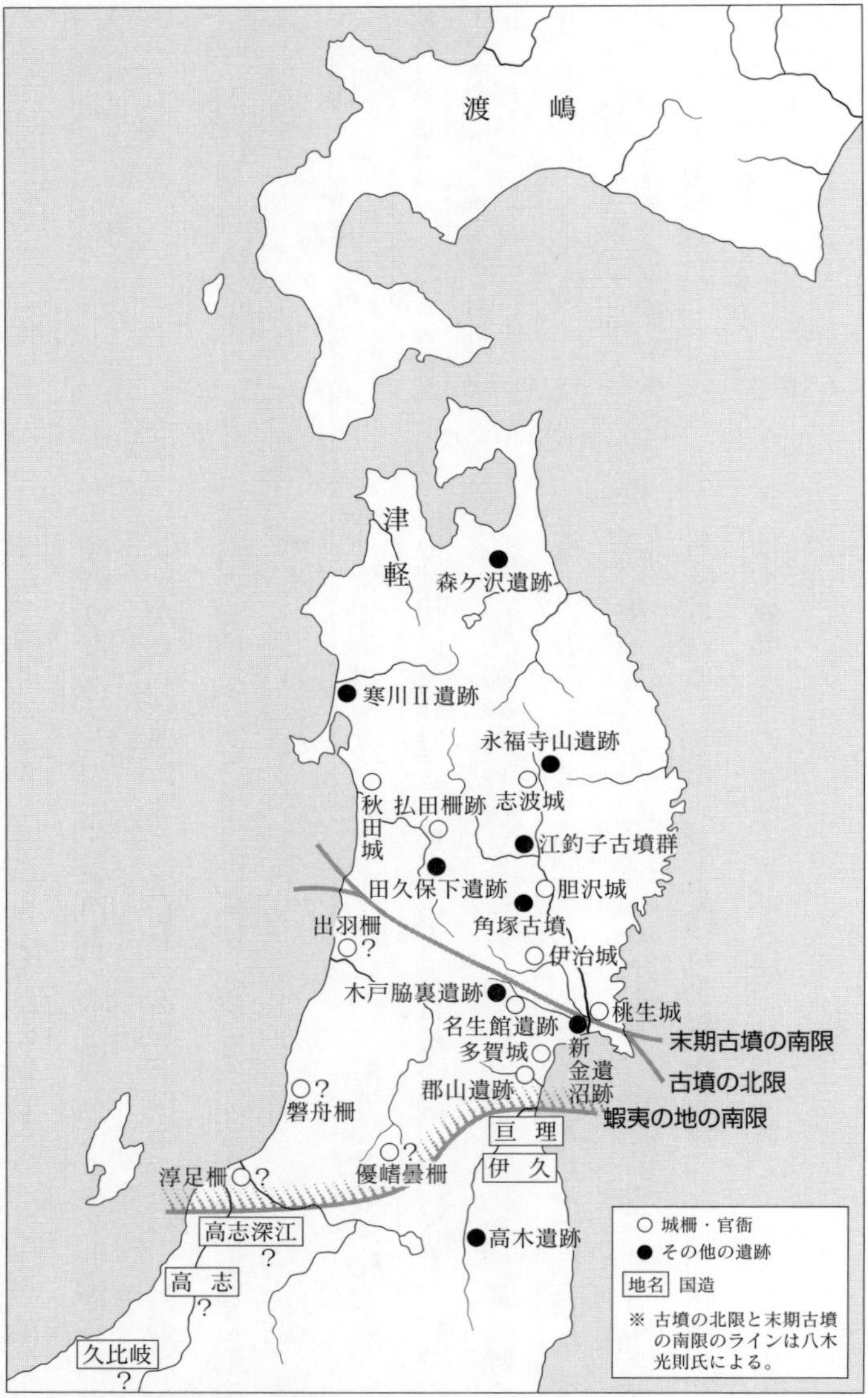
渡　嶋
津
軽
森ケ沢遺跡
寒川II遺跡
永福寺山遺跡
秋
田
城
払田柵跡
志波城
江釣子古墳群
田久保下遺跡
胆沢城
角塚古墳
出羽柵
?
伊治城
木戸脇裏遺跡
桃生城
名生館遺跡
末期古墳の南限
多賀城
新
田
金遺
沼跡
古墳の北限
郡山遺跡
?
磐舟柵
蝦夷の地の南限
亘　理
?
優嶠曇柵
伊　久
淳足柵
?
高志深江
?
高木遺跡
高　志
?
久比岐
?
○ 城柵・官衙
● その他の遺跡
地名 国造
※ 古墳の北限と末期古墳の南限のラインは八木光則氏による。

●──蝦夷の地関係地図

▼**狄食**　「狄」は、律令国家が日本海側の蝦夷を太平洋側の蝦夷と区別するために用いた呼称で、「蝦狄」ともいった。したがって「狄食」とは、越後国から地元の蝦夷に支給された食糧であろう。

▼**多賀城**　七二四（神亀《じんき》元）年創建。陸奥国府《こくふ》と鎮守府《ちんじゅふ》がおかれた。遺跡は宮城県多賀城市市川《いちかわ》・浮島《うきしま》の丘陵上に所在する。③章「多賀城の創建」（七〇ページ）参照。

蝦夷の地の範囲

岸部では大化改新直後の六四七（大化《たいか》三）年に渟足柵《ぬたりのき》が現在の新潟市付近に設置されており、同市の的場《まとば》遺跡からは「狄食《てきしょく》」▲と書かれた八〜九世紀ごろの木簡《もっかん》が出土しているので、新潟市付近までは蝦夷が住んでいたことが知られる。また日本海側の内陸部では『日本書紀』持統《じとう》天皇三（六八九）年正月条に「陸奥国優《う》嗜曇《きたむ》郡の城養《きこう》の蝦夷」二人が出家することを願いで許されたことがみえる。城養（柵養）の蝦夷とは、服属して城柵《じょうさく》の管轄下にあった蝦夷のことである。優嗜曇郡（当時は「優嗜曇評《こおり》」といった）はのちの出羽《でわ》国置賜《おきたま》郡、すなわち現在の山形県の米沢《よねざわ》市周辺の地域で、七一二（和銅五）年に出羽国が建置されるまでは陸奥国に所属していた。ここに城養の蝦夷がいるということは、この地域に城柵がおかれ、服属した蝦夷も居住していたということになる。したがって日本海側内陸部では、米沢盆地が蝦夷の地の南限ということになる。

また太平洋側では、文献史料で蝦夷の居住が確認できるのは、黒川《くろかわ》以北一〇郡がおかれた宮城県北部の大崎《おおさき》・牡鹿《おしか》地域までであるが、それより南の宮城《みやぎ》郡にも多賀城《たがじょう》▲が設置されているし、仙台市の郡山《こおりやま》遺跡も七世紀半ばに設置された城柵と考えられる。城柵は蝦夷の居住地に設置される蝦夷支配のための施設で

●—角塚古墳

あるから、郡山遺跡が所在する古代の名取《なとり》郡辺りまでを本来の蝦夷の居住地とみてよいと思われる。

このようにみてくると、倭王権によって蝦夷として把握された人びとが居住していたのは、新潟平野—米沢盆地—仙台平野を結んだ線よりも北ということになる。これは「国造本紀」から知られる国造の北限がほぼ新潟県中部—宮城県南部であることとよく照応する。斉明朝に北方遠征を行った阿倍比羅夫《あべのひらふ》は、齶田《あぎた》(秋田)・津軽などをへて渡嶋《わたりのしま》にまでいき、その蝦夷を服属させている。渡嶋は北海道の古名と考えられるので、蝦夷の居住地は北海道にまで広がっていたことになる。

なお、新潟平野—米沢盆地—仙台平野という蝦夷の居住範囲の南限は、古墳時代につくられた古墳の北限のラインに近い。古墳が継続的につくられたのは、日本海側の海岸部では信濃《しなの》川下流域の新潟平野、同内陸部では山形盆地までである。ただし新潟県北部の阿賀北地方に少数の古墳があり、山形県の庄内《しょうない》平野で古墳で使用された長持形石棺《ながもちがた》がみつかっているので、庄内平野までを古墳が伝播した地域に含めることも可能である。一方、太平洋側では最北の前方後円《ぜんぽうこうえん》墳《ふん》である角塚《つのづか》古墳（岩手県奥州《おうしゅう》市）を除くと宮城県の大崎平野（大崎市周辺）までは継続的に古墳が営まれている。この事実は、蝦夷と呼ばれた人びとの中核部分が、古墳文化の墓制をそのままの形では受け入れないような文化をもっていた人びとであったことを示している。

蝦夷の居住地は、もちろんその後ずっと固定していたわけではなく、律令国家による蝦夷の同化やそれを前提とした公民身分への編入政策などによって、徐々に北に狭められていった。平安初期には、ほぼ現在の宮城県北部▲と山形・秋田の県境を結んだ線が蝦夷の地の南限になるとみられる。

▼**現在の宮城県北部**　『類聚国《るいじゅうこく》史《し》』巻一九〇、延暦十一（七九二）年正月丙寅《へいいん》条に「伊治《これはり》村の俘」がみえるが、伊治村は現在の宮城県栗《くり》原《はら》市築館《つきだて》付近と考えられる。

●垂柳遺跡の水田跡

▼後北C2・D式　後北式は続縄文時代後半期の土器形式で、「後北」とは後期北海道式薄手縄文土器の略称。後北A→B→C1→C2・D式と変遷する。初め道央部にのみ分布したが、C2・D式期に急速に全道に広がり、さらに津軽海峡を越えて東北地方にまで分布するようになる。C2・D式の年代は三〜四世紀。

②蝦夷文化の形成

北方の文化と倭人の文化の接触・交流

北方系の続縄文《ぞくじょうもん》・擦文《さつもん》文化と南方系の倭人《わじん》文化は東北地方で境を接していた。蝦夷《えみし》文化はこの二つの系統の文化の接触、融合のなかから形成されてくるといってよい。東北・北海道を舞台とする南北両世界の文化の交流の軌跡をたどっていくと、蝦夷文化の形成過程がしだいに明らかとなってくる。

戦後、伊東信雄氏らの努力によって津軽《つがる》平野の垂柳《たれやなぎ》遺跡《いせき》（青森県田舎館《いなかだて》村）、ついで砂沢《すなさわ》遺跡（弘前《ひろさき》市）で弥生《やよい》時代の水田跡が発見され、弥生時代の初期には早くも本州最北端まで稲作農耕が伝播していたことが明らかとなった。これは東北史の研究にとって衝撃的な新事実であり、蝦夷非アイヌ説（辺民《へんみん》説）の通説化に決定的な影響をあたえた。ところがその後、考古学的な調査が進展してくると、弥生時代の後期以降、東北北部（青森・岩手・秋田）では逆に遺跡数が激減するという意外な事実が明らかになった。しかも一部を除くと集落遺跡は皆無といってよく、稲作農耕の痕跡もみいだしがたいのである。この傾向は古墳《こふん》時代も続き、六世紀代まで東北北部は遺跡数が極端に少ない時期が続く。

この三〜六世紀は、ちょうど東北北部に北海道から続縄文文化が南下してくる時期にあたっている。三世紀に、北海道の道央部（石狩《いしかり》低地帯）で誕生した続縄文文化後期の土器《どき》である後北《こうほく》C2・D式▲土器が津軽海峡を渡って東北北部まで伝播してくるのである。この時期に気候が若干寒冷化することが原因ではないかと考えられている。

続縄文文化に特徴的な文化指標としては、土器と土壙墓《どこうぼ》▲、それに黒曜石《こくようせき》製の石器《せっき》などがあげられるが、近年、東北北部ではこの時期の土壙墓があいついで発見された。能代《のしろ》市寒川《さむかわ》Ⅱ遺跡・盛岡市永福寺山《えいふくじやま》遺跡などは、三・四世紀代の後北C2・D式期の代表的な遺跡であり、青森県七戸《しちのへ》町森ケ沢《もりがさわ》遺跡・大崎《おおさき》市木戸脇裏《きどわきうら》遺跡・横手《よこて》市田久保下《たくぼした》遺跡などが、続縄文文化の終末期にあたる五・六世紀の北大《ほくだい》式▲期の重要な遺跡としてあげられる。

これらの土壙墓は、墓穴の底面に一対の柱穴を設けたり、側壁に袋状のピットがあることが少なくなく、またしばしば大量の黒曜石片の副葬《ふくそう》がみられるなど、同時期の北海道の土壙墓と共通の特色を有していて、続縄文文化に特有の

▼土壙墓　地中に掘った穴（墓壙）に遺体を埋葬した墓で、旧石器時代から現代まで広くみられる墓制。続縄文文化の土壙墓は、長軸が一〜二メートルほどの楕円形を呈した墓壙に遺体を屈葬にし、その長軸方向の底面に一対の柱穴を掘ったり、側壁に土器を埋納するための袋状のピット（小穴）を付設するなどの特色を有する。また黒曜石製の石器を副葬することもよく行われた。

▼北大式　続縄文時代最後に位置づけられる土器形式。北海道大学構内遺跡を標式とするところからこの名がある。明らかに土師器の製法の影響がみられる。隆線《りゅうせん》文・沈線《ちんせん》文・突瘤《つきこぶ》文などの文様をほどこすが、全体としては文様が簡素になる。代表的な器種としては甕と片口土器があげられる。年代は五〜六世紀。

墓制とみてよい。木戸脇裏遺跡などの存在から、続縄文文化圏の南限は宮城県北部にまでおよんでいたことが知られる。おそらく続縄文文化の本州への南下が始まる三世紀代には、一定数の続縄文人が北海道から本州に渡ってきたのであろう。

北海道の道央では続縄文後期の後北C2・D式期（三・四世紀）になると竪穴《たてあな》住居《じゅうきょ》はきわめてまれとなり、さらに続縄文文化終末の北大式期（五・六世紀）から擦文文化初期（七世紀）にかけての時期は竪穴住居が皆無といってよい状況となる。この点は東北北部でも同様で、三世紀から六世紀にかけては一部を除いて竪穴住居がほとんど検出されなくなるのである。この時期の遺構といえば、続縄文系統の土壙墓、それに人びとが煮炊きを繰り返した跡である焼土遺構があげられる程度である。この時期の東北北部・北海道の人びとは、おそらく痕跡の残りにくい簡単な平地式の住居などで生活していたのであろう。移動性に富んだ生活形態をとっていたとみる説もある。

続縄文文化に特徴的な石器として黒曜石製のスクレイパー▲（掻器《そうき》）がある。皮革加工の皮なめしに用いられた石器である。北海道および東北北部各地の遺跡

●──土壙墓（能代市寒川Ⅱ遺跡）

▼**スクレイパー**　石器の先端部に鈍い刃をつくりだした石器で、掻《か》き削る用途に使用されたとみられる。旧石器時代から存在するが、北海道や東北北部では続縄文時代にも盛んに用いられた。近年行われた石器の表面に残された使用痕の科学的な分析からも、革なめしなどの皮革加工に用いられたことが推定されている。

▼**堅果類**　成熟すると皮が固くなる木の実のことで、クリやドングリなど。

●—後北C2・D式土器(能代市寒川Ⅱ遺跡出土)

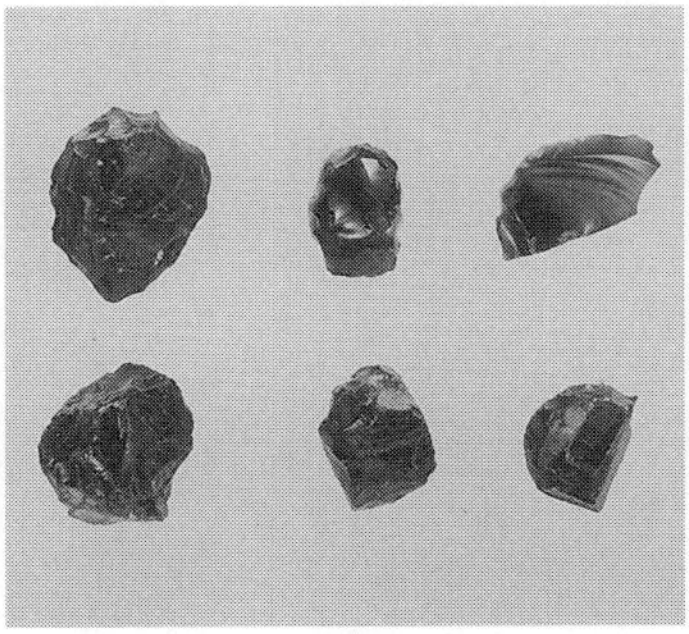

●—黒曜石製石器(奥州《おうしゅう》市中半《なかはん》入《にゅう》遺跡出土)

から出土するが、とくに古墳文化圏と続縄文文化圏の境界にあたる宮城県の大崎平野北辺部の遺跡(大崎市名生館《みょうだて》遺跡、加美《かみ》町壇《だん》の越《こし》遺跡、大崎市木戸脇裏遺跡など)で大量に出土することが注目される。この地域の加美町湯《ゆ》の倉《くら》が黒曜石の石材の原産地として知られており、その石材が東北北部などの各地で広く用いられたことが最近の研究で判明した。

また、近年、北海道の道央の遺跡(札幌市K一三五遺跡四丁目地点、恵庭《えにわ》市ユカンボシE九遺跡など)を中心に後北C2・D式期の遺物が集中的にともなう焼土遺構の発見例がふえている。石井淳氏よれば、この種の焼土は旧河川にそう形で濃密に分布するという傾向がみられ、焼土中にはサケ類を中心とする魚の骨やシカなどの中・小型獣類の骨などが多く含まれ、堅果《けんか》類が検出されることもある。道央の続縄文人たちは遡上してくるサケを捕獲しやすい小河川沿いに好んで居住し、狩猟・漁撈によってえた獲物、さらには木の実などを住居付近で加熱調理して食べていたのである。

これらのことから続縄文文化期の人びとの生業形態は狩猟と漁撈を中心としていたと考えてよいが、北海道と東北北部では自然環境の違いなどから両者の比重に若干の違いがあったようである。すなわち集落の立地や焼土遺構などから北海道ではサケ漁に依存する度合いが相当に大きかったことが明らかであるが、焼土遺構の検出例が少なく、黒曜石製スクレイパーが各地の遺跡で出土する東北北部では狩猟の重要性が相対的に高かったように思われる。また青森県の森ケ沢遺跡ではソバの花粉が検出されており、東北北部では雑穀などの畑作農耕もある程度行われていた可能性がある。

このように、三〜六世紀の東北北部には、狩猟・漁撈・採集を主要な生業とし、特徴的な土壙墓を営む北方系の続縄文文化が南下してくる。しかしもう一方で、同じ時期に南方系の倭人の文化も東北北部にまで波及してくるのである。前方後円墳《ぜんぽうこうえんふん》に代表される古墳文化の墓制は、唯一の例外である岩手県奥州市の角塚《つのづか》古墳（全長約四四メートルの前方後円墳）を除けば、宮城県北部の大崎平野が北限で、東北北部の社会では受容されなかったが、ほかのさまざまな南方系の文化要素は、東北北部へもどんどん浸透していった。

三世紀の寒川Ⅱ遺跡では続縄文土器にまじって弥生末期の土器や鉄器《てっき》（板状《ばんじょう》鉄斧《てっぷ》）が副葬されているし、四世紀の永福寺山遺跡でも初期土師器《はじき》や鉄器（刀《とう》子《す》・鎌《かま》）がみられる。五世紀の森ケ沢遺跡になるとさらに豊富な古墳文化の文物が出土している。東北南部産とみられる土師器をはじめ、近畿の陶邑《すえむら》産とみられる須恵器《すえき》▲、刀子類やヤリガンナなどの鉄器、大量の玉《たま》類などである。森ケ沢遺跡の続縄文人は、煮沸《しゃふつ》には北大式の甕《かめ》や片口土器を用いていたが、須恵器・土師器を食膳具として用いている。まさしく南北文化を融合させた生活形態である。また石器がみられず鉄器が出土するので、すでに鉄器文化の段階にはいっていたとみられるし、既述のように雑穀が栽培されていた可能性もある。土壙墓の南限地帯の木戸脇裏遺跡や六世紀代の田久保下遺跡では、古墳文化の浸透がさらに顕著である。木戸脇裏遺跡では相当量の土師器や初期須恵器片にまじって数片の北大式土器が出土したにすぎないし、田久保下遺跡では土壙墓に副葬された土器はさらに土師器化が進み、北大式の影響がわずかに認められるが、土師器の範疇に含めることも可能な形態になっている。阿部義平氏が指摘しているように、六世紀代の東北北部は、土器文化に関しては土師器化がいっそう進み、続縄文土器は急速に姿を消していくのである。

　このような南北の文化交流の主要な媒介となったのが、古墳時代の東北地方

▼陶邑産の須恵器　陶邑は、大阪府堺《さかい》市・大阪狭山《さやま》市・和泉《いずみ》市などにまたがる阪南《はんなん》丘陵に築かれた須恵器の一大生産基地で、一〇〇〇基以上の須恵器窯が築かれた。五世紀初頭ごろ、朝鮮半島からの渡来人《とらいじん》によって生産が開始され、古墳時代を通じて王権直轄の須恵器生産地として最大規模を誇った。とくに五世紀代には、地方での須恵器生産が未発達であったため、陶邑の製品が全国に広く流通する。七世紀以降は衰退するが、十世紀まで生産は継続した。

各地に形成されてくる拠点的な集落(以下、拠点集落という)である。

石巻《いしのまき》市新金沼《しんかなぬま》遺跡は、旧北上《きたかみ》川の河口にほど近い微高地上の集落で、現在まで四〇棟ほどの古墳時代前期の竪穴住居跡が検出されている。出土した土器は在地の古墳前期の土師器である塩釜《しおがま》式が主体を占めるが、それらにまじって続縄文の後北C２・D式土器、さらには関東や東海から伝来したとみられる土師器が出土して注目をあびた。四世紀代に、この集落の住民が遠く東北北部や北海道、あるいは関東・東海方面の人びとと活発に交易を繰り広げていた痕跡とみられる。またこの遺跡が北上川の河口に位置していることは、南北の文化交流に占める北上川の役割を暗示している。新金沼遺跡にもたらされた南方の物資は北上川沿いのルートをさかのぼって北方世界へと運ばれていったであろうし、北方世界の物資はその逆のルートでここにもたらされたにちがいない。

古代の北方地域には、秋田城や北海道余市《よいち》町大川《おおかわ》遺跡など、主要河川の河口やラグーン(潟)に位置する重要遺跡が少なくない。蓑島栄紀氏や鈴木靖民氏は、これらを交流の核としての「交易港」▲としてとらえる説を提唱しているが、新金沼遺跡はそのような「交易港」の先駆けであったのかもしれない。

●—新金沼遺跡の住居跡

▼交易港　経済人類学者のカール＝ポランニーが提唱した前近代における諸民族間の交易形態に関する概念で、国際市場の成立以前に、水陸の輸送が容易な入り江や広いラグーンのある沿岸や河川沿いに存在した交易の拠点となる港のこと。交易港はここに集まる多様な人びとや物資の安全保障がもっとも重要とされたため、多くは中立的な地域に形成されるという。

●—中半入遺跡出土の須恵器 𤭯《はそう》(左)・坏

五世紀後半から六世紀にかけての古墳時代中・後期には、さらに新たな拠点集落が形成されてくる。最近、角塚古墳の近くで発見された奥州市中半入遺跡は、この時期の胆沢地域の拠点集落であるし、宮城県域では大崎市名生館遺跡、多賀城《たがじょう》市山王《さんのう》・市川橋《いちかわばし》遺跡、仙台市南小泉《みなみこいずみ》遺跡、名取《なとり》市清水《しみず》遺跡などがそれぞれの地域の拠点集落であったとみられる。これらの集落は規模が大きいばかりでなく、一般集落に比べて須恵器の出土量が多く、他地域から搬入された土器や、他地域の技術で製作された土器、さらには他地域との交易品などが出土するという共通点がみられる。これらの考古学的事実からみて、この地域の古墳時代中・後期の拠点集落は、南北両世界を結ぶ交流のネットワークの結節点となっていたとみられる。

このように近年の発掘調査の進展によって、古墳時代の前期から中期にかけて、古墳文化圏の北縁の地であった現在の宮城県中・北部から岩手県南部の北上川中流域にかけての地域に所在した拠点集落は、北方世界との交易センターとしての機能も兼ね備えていたことが知られるようになった。各拠点集落は、いずれも河川の近傍に位置しており、水運の利用が可能である。また仙台平野から大崎平野をへて北上盆地方面には、後世、山道《さんどう》と呼ばれる幹線道路が通じていた。拠点集落は水陸の交通を介してたがいに結ばれ、ネットワークを形成したとみられる。それによって南方の古墳社会と北方の続縄文社会との交易が活発に行われ、人びとも盛んに行き来したにちがいない。各遺跡から出土する他地域の遺物はそのことを雄弁に物語っている。

　こうして、三世紀ごろに北海道から東北北部に南下してきた続縄文人たちは、縄文時代以来の狩猟・漁撈・採集を主要な生業とし続けながらも、古墳時代を通じて南の倭人社会と盛んに交流を行うとともに、その文化を摂取し、みずからの生活形態を急速に変革しつつあった。蝦夷文化はこのような南北両文化の接触、融合といった動きのなかから形成されてくるが、その背景には右のような二つの世界を結ぶ地域間ネットワークがあったのである。

蝦夷文化の成立

　蝦夷観念が古代王権によって設定される六世紀ごろまでの東北北部の状況は、ほぼ右のごとくであったとみられる。だが蝦夷文化の基本形態が成立するには、

▼**カマドを付設した隅丸方形の竪穴住居**　竪穴住居は地面を掘りくぼめ、上に屋根をふいた半地下式の原始的な住居。竪穴の平面形には、長方形・楕円形・円形などさまざまな形態があるが、弥生時代後期以降は方形・隅丸方形が一般的になる。五世紀初めごろに朝鮮半島から煮炊き用設備であるカマドが伝えられると、それまで一般的であった炉をしだいに駆逐し、隅丸方形の竪穴住居とともに日本列島中に普及していく。東北北部では七世紀代に一般化し、八世紀にはいると北海道にまで伝播する（三二ページ写真参照）。

▼**末期古墳**　古墳文化圏で前方後円墳がつくられなくなる六世紀末ごろに東北北部に出現する墳《ふん》丘墓《きゅうぼ》。終末期古墳ともいう。直径数メートル～一〇メートル程度の円墳状を呈し、群集墳《ぐんしゅうふん》を形成

することが多い。七～八世紀に北上川流域を中心に東北北部各地でつくられる。墳丘を築く点や、木《もっ》棺直葬《かんじきそう》、伸展葬《しんてんそう》、石積みの石室などは、古墳文化の影響と考えられるが、後期古墳に特徴的な追葬を受け入れず、上部から埋葬を行い、埋葬施設を密閉してしまう点は、土壙墓の埋葬思想が依然として保持されていたことを示す。

▼十勝茂寄式　大沼忠春氏は、従来、北大Ⅲ式と称されてきた土器形式を十勝茂寄式土器と呼んで六世紀後半～七世紀半ばという年代をあたえ、擦文土器の最初の土器形式とみなすことを提唱している。この土器は続縄文土器の伝統である縄文を欠き、沈線を残すかまたはそれさえも欠くにいたったもので、わずかに残る突瘤文がかろうじて北大式の系譜に連なる土器であることを示している。北大式と比べて土師器化がいちだんと進んだ土器といってよい。

なお七～八世紀に起こる東北北部から北海道にかけての地域社会の大きな変化を経なければならなかった。この時期、東北北部では北上川・馬淵《まべち》川の流域を中心に、古墳文化社会に普遍的なカマドを付設した隅丸方形《すみまるほうけい》の竪穴住居▲が急激に増加し、それによって構成される集落が各地に出現してくる。同時に、それまでの土壙墓にかわって末期古墳▲と呼ばれる小円墳《えんぷん》が出現する。おそらくこれらの地域では、水稲農耕もある程度受容されていったであろう。

　また北海道でも、ちょうどこの時期に続縄文文化が終りを告げ、擦文文化の時代へと移っていく。ただし七世紀の北海道は擦文文化への移行期にあたっており、まだまだ続縄文文化的要素が濃厚に残っていた。この時期の遺構としては続縄文期以来の土壙墓が基本で、焼土遺構も検出されているが、隅丸方形の竪穴住居はまだ受容されていない。土器も、近年擦文土器の範疇に含めて考えられることが一般的になった十勝茂寄式《とかちもよろ》▲の段階にあたっており、擦文をともなう狭義の擦文土器が出現するのは、あいだに八世紀の土師器文化の段階をはさんで、さらに二〇〇年後の九世紀になってからである。

　近年の古代東北史の考古学的研究では、七世紀の画期ということが強調され

●—カマド付き隅丸方形の竪穴住居跡（岩手県二戸《にのへ》市長瀬C遺跡）

ている。それは、東北北部に関していうと、とくにカマド付きの竪穴住居によって構成される集落が急速に広がりをみせることや、続縄文系統の土壙墓が消滅して末期古墳に取ってかわられるという考古学的な事実を主要な根拠としている。カマドは、四世紀末ごろに朝鮮半島南部から日本列島に伝えられたもので、その後、列島内で急速に普及し、この時期に東北北部にまで伝播してくるのである。またこの地域の末期古墳は、続縄文文化の土壙墓が古墳文化の墓制の影響を受けて変容したとみられるものであるから、これらの現象は、いずれも南の倭人文化のいっそうの浸透によるものと理解することができる。そしてこのような古墳文化の重要な文化要素のさらなる受容という状況からみて、この地域において稲作農耕が一定の重要性をもつようになったことも、おそらくまちがいないであろう。

それでは、この七世紀の画期によって、蝦夷の文化は南方の倭人の文化に同化されてしまった、あるいはそこまでではないにしても、生業形態も含めて倭人の文化に大幅に近づいたとみてよいであろうか。

たしかに、七世紀初頭までに東北北部の土器がほぼ完全に土師器化することに加えて、竪穴住居が北上川中・上流域、馬淵川流域にまで広がるというような考古学的な現象からみると、この世紀には東北北部社会が南の倭人文化圏に完全に包摂されてしまったようにもみえる。しかしそうみなすには、少なくとも次のような問題を解決しておく必要があると思われる。

まず同じ東北北部でも、津軽・秋田・山形などの日本海側や三陸《さんりく》沿岸地域では、現在のところ、七世紀代の竪穴住居はほとんど発見されていない、という問題がある。北海道でも、道央地域では擦文初期にあたる七世紀には竪穴住居がみられないということはすでに述べたとおりである。そうすると、現時点においては、七世紀代に竪穴住居が広がっていく地域は、ほぼ北上・馬淵川の流域に限定されるということになる。いいかえると、東北北部の日本海側や三陸沿岸地域、さらには北海道などでは、七世紀にはいっても、それ以前の続縄文期と同じように竪穴住居が発見されないという特異な現象が続く、ともとらえられるのである。

この点は、これまでとくに問題視されることはなかった。考古学者の多くは、調査例がふえればこれらの地域でもいずれは竪穴住居が発見されるだろうとみているようである。もちろんそのような可能性も考えられるが、これらの地域でも調査事例はすでにかなりの数にのぼっていて、とくに九世紀以降の竪穴住居などは枚挙にいとまがないほど発見されているのに、七世紀代にさかのぼる住居がこれだけ広汎な地域においてほとんど検出されないということを単なる偶然とみるのは、筆者には不自然なように思われる。

ここで『日本書紀《にほんしょき》』の記述を思い起こしてみると、七世紀後半の斉明《さいめい》朝(六五五〜六六一)に有名な阿倍比羅夫《あべのひらふ》の北方遠征の記事があり、そこに齶田《あぎた》(秋田)・渟代《ぬしろ》(能代)・津軽などの日本海側地域、さらには渡嶋《わたりのしま》、すなわち北海道の蝦夷が登場してくるから、この時期に日本海側や北海道にも有力な蝦夷集団が存在していたことは否定しがたい。一方、道央地域では、七世紀代も続縄文後期(後北C2・D式〜北大Ⅰ・Ⅱ式期)と同じように竪穴住居をつくらない習慣が継続していたとみられる。とすれば、東北北部の竪穴住居が未発見の地域でも、人びとは遺構として検出しにくい住居に居住していて、続縄文的な伝統を色濃く残した生活形態が続いていたという可能性も考えてみる必要があるのではなかろうか。

東北北部における七世紀の画期の評価をめぐっては、考古資料のもつ本質ともかかわる、より重要な問題が存在する。それは、考古資料としてもっとも普遍的な土器や住居が同じ形式・形態に属するということが、文化全体の同一性とどのような関係にあるのかという問題である。問題を単純化してこの場合にあてはめていうと、七世紀以降は東北北部で発見される土器や住居跡が、より南の倭人文化圏と基本的に同じ系統のものになるが、そのことをもって東北北部も倭人文化圏に包摂されたとみることができるのか、ということになる。

土器や住居が生活文化の重要な要素であることはいうまでもないが、それが生活文化のすべてでないこともまた明らかである。土器や住居の形式が同じでも、ほかの文化要素、たとえば生業や墓制、さらには言語や信仰形態までもが同一であるとは限らない。

一例をあげれば、八世紀の北海道では、本州から伝播した土師器と隅丸方形の竪穴住居が一般化するが、稲作農耕が行われていた証拠はみいだされていないし、墓制は依然として続縄文期以来の土壙墓が主流であった。生業としては狩猟と漁撈を主としていたとみられるが、ソバ・オオムギ・アワ・キビなどの

▼擦文文化における米　北海道の擦文人が米を食べていたことは考古学的に確認されているが、現在のところ、それは交易によって入手したものと考えられている。

穀物の栽培もある程度は行っていたと考えられている。要するに、八世紀の北海道では、土器や住居においては南方の倭人社会と基本的に同じ形態をとるようになるが、生業や墓制は大きく異なっていたことになる。さらに言語はアイヌ語系統であったとみてよいであろうし、墓制の相違などからみて信仰形態も倭人と同一ではなかったとみられる。このケースは、土器や住居跡の同一性がほかの文化要素の同一性を意味するとは限らない好例である。

同じように、七世紀代の北上川・馬淵川の流域でも土師器とカマド付きの隅丸方形の竪穴住居が一般化するが、墓制では独自の末期古墳が展開することが注目される。この地域の蝦夷は、南方の倭人文化圏から取り入れた土器を使い、カマド付きの竪穴住居に住みながら、墓制においては独自の末期古墳を営んでいたのである。とすれば、この地域の蝦夷の生業形態が、南方の倭人文化圏と同じように稲作農耕にかなりの比重をおいたものであったかは、なお検討が必要であろう。その際もっとも重要となってくるのが、蝦夷と狩猟の関わりの問題である。

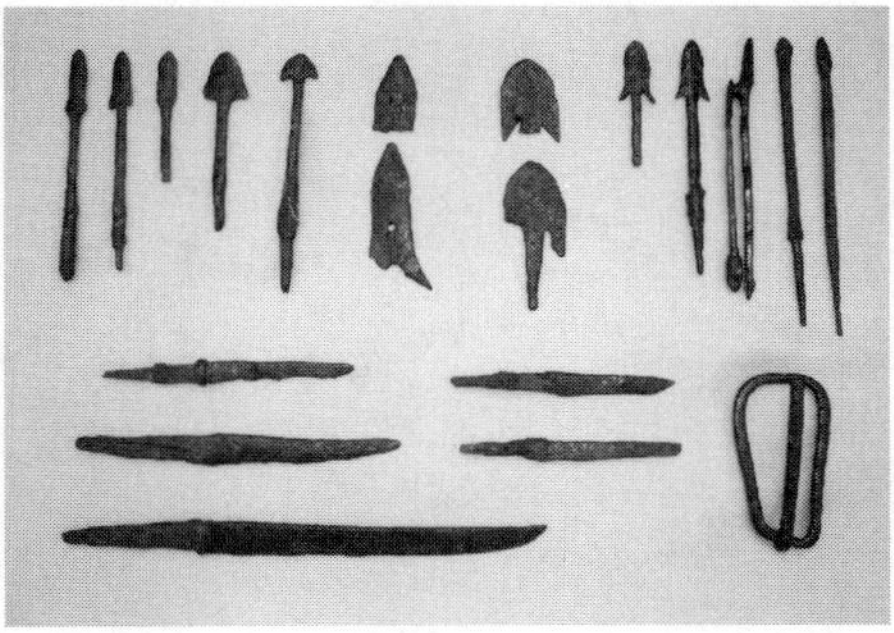

●——鉄鏃と刀子（岩手県矢巾《やはば》町藤沢狄森《えぞもり》古墳出土）

蝦夷研究における狩猟の問題

考古学的に蝦夷と狩猟の関わりを明示する資料は意外に乏しい。東北北部では、六世紀代までは獣皮の加工用とみられる黒曜石製のスクレイパーが出土するが、七世紀以降は急速に消滅していく。また狩猟のもっとも重要な道具は弓矢であるが、弓や矢柄《やがら》は有機質であるため遺物として検出されることはきわめてまれである。矢じりは、この時期は鉄鏃《てつぞく》を用いることが一般的であるが、末期古墳や竪穴住居跡などから副葬品として出土することが少なくない。ところが弓矢は重要な武器でもあったから、ただちに狩猟の道具とは認定できないという問題がある。報告書や論文などでは、むしろ武器に分類されることが普通である。そうすると七世紀以降の段階において、狩猟に結びつくことが明らかな遺物はほとんどなくなってしまい、考古学の分野において蝦夷と狩猟の関わりを検討するということは、こと七世紀以降に関してはほとんど行われていないのが実情である。

この点は古代史（文献史学）の分野でも、近年は同様の状況である。戦後、蝦夷非アイヌ説（辺民説）が通説化する流れのなかで、蝦夷を狩猟民とみる見方は、克服すべき古い歴史観とみなされるようになり、蝦夷と狩猟の関わりを示す史料は、蝦夷を異民族とみなしている古代国家の政治的立場からする造作、潤色をこうむっており、事実を伝えるものではないとされて、考察の対象とされることはほとんどなくなった。蝦夷と狩猟の関わりは、現在の蝦夷研究でもっとも立ち遅れている問題なのである。

たしかに、さきに引用した『日本書紀』景行《けいこう》天皇四十年七月条の景行天皇が日本武尊《やまとたけるのみこと》に蝦夷について説明する場面での「冬は穴に宿《い》ね、夏は樔《す》に住む。毛を衣《き》、血を飲み……」などという一節は、漢籍の表現を借りた観念的な記述であって、とうてい事実とは考えられない。しかしながら、六五九（斉明《さいめい》天皇五）年に派遣された遣唐使《けんとうし》が蝦夷の男女二人を同道して唐にいき、皇帝に謁見《えっけん》したときのようすを記した「伊吉連博徳書《いきのむらじはかとこのふみ》」（遣唐使の随員として入唐《にっとう》した伊吉連博徳の手記、『日本書紀』斉明紀に引用）によれば、皇帝が「その国（蝦夷の国）に五穀有りや」とたずねると、遣唐使の使者は「無し。肉を食《くら》いて存活《わたら》ふ」と答えたという。また、同じときの記録である「難波吉士男人書《なにわのきしおひとのふみ》」には、このとき蝦夷が「白鹿の皮一つ・弓三つ・箭《や》八十」を皇帝に献上したことを伝える。さらに『通典《つてん》』という唐代の法制書にも、このときの蝦夷について「その使(蝦夷の使者)、鬚《ひげ》の長さ四尺。尤《もっと》も弓矢を善《よ》くす。箭を首に挿《さ》し、人をして瓠《ひさご》を戴《いただ》きて立たしめ、四十歩にして之を射《い》て、中《あた》らざること無し」と、ひげが長くて弓矢の名手であったことを特記している。このような実録的な史料においても、蝦夷は狩猟を生業とし弓矢が得意であったことを伝えるが、これらの史料まで一律に造作とみて否定することは困難である。

蝦夷と狩猟の関わりを示す実録的な史料は、ほかにも存在する。七九八(延《えん》暦《りゃく》十七)年、西海道《さいかいどう》(九州)の諸国は、九州地方に強制移住となった蝦夷たちが、移住後も依然として「旧俗を存して、未だ野心を改めず。狩漁を業《わざ》と為して、養蚕を知らず。加以《しかのみならず》、居住定まらず、浮遊すること雲の如し。調庸《ちょうよう》を徴《はた》るに至りては、山野に逃散す」という実情を訴えて、本人たちの代は終身調庸を免除するよう求め、認められている(『類聚三代格《るいじゅうさんだいきゃく》』同年四月十六日官符)。これなどは、八世紀末葉の段階においても、倭人と異なる居住形態をとり、狩猟を主たる生業としていた蝦夷が相当数いたことを示唆する史料とみてよいであろう。

また八七六(貞観《じょうがん》十八)年の太政官符《だいじょうかんぷ》によれば、鎮守府《ちんじゅふ》(=胆沢城《いさわじょう》)ではふだんから夷俘《いふ》(服属した蝦夷)に禄《ろく》として食糧を支給するためや、正月・五月の節会《せちえ》に鎮守府庁で行われる饗宴で蝦夷をもてなすために狩猟を行い、「殺生《せっしょう》を事」としてきたという(『類聚三代格』同年六月十九日官符)。蝦夷への食糧供給や節会のために狩猟を行ったのは、蝦夷が獣肉を好んだからにちがいない。事実、岩手県奥州市の胆沢城跡の厨院《くりやいん》と推定されている一画の井戸跡からは、食肉後に投棄したとみられるニホンジカ・イノシシなどの獣骨が出土しており、考古学的に右の文献史料を裏づけるものという評価も行われている。これらのことから、鎮守府の管轄地域▲の蝦夷は、九世紀後半段階においても狩猟の占める比重が倭人よりも大きかったとみることは十分に可能であろう。

胆沢地域は、角塚古墳や中半入遺跡の存在からも知られるように、東北北部では例外的に古墳文化が早くから根づいたところであり、古代において「水陸《すいりく》万頃《ばんけい》▲」と呼ばれた豊かな穀倉地帯であった。このような胆沢地域を中心とした北上川中流域の蝦夷でさえ、九世紀半ばを過ぎてなお狩猟を行い、獣肉を好んで食べていたということは、蝦夷社会における狩猟の重要性を再認識させるのに十分な事実であろう。

▼鎮守府の管轄地域　鎮守府は、当初、多賀城に陸奥国府《こくふ》と併置されたが、八〇二(延暦二十一)年の胆沢城完成後は、ここに遷され、北上川中流域の磐井《いわい》・胆沢・江《え》差《さし》・和賀《わが》・稗貫《ひえぬき》・志波《しわ》の六郡を管轄した。

▼水陸万頃　一面に水田・陸田が広がっているという意味。

また、蝦夷と狩猟との結びつきを推測させるものとして、蝦夷の戦闘能力の高さがあげられる。蝦夷が高い戦闘能力を有していて中央政府軍を長期にわたって苦しめたことは広く知られた事実であり、「弓馬の戦闘は、夷獠《いりょう》(＝蝦夷)の生習《せいしゅう》にして、平民の十、その一に敵する能《あた》わず」(『続日本後紀《しょくにほんこうき》』承和《じょうわ》四〈八三七〉年二月辛丑《しんちゅう》条)と語られているように、蝦夷を王化《おうか》に従わない「野性獣心」の持ち主とさげすんでいた中央貴族も、蝦夷の勇猛果敢さには一目をおかざるをえなかった。また平安時代の初めに、長年にわたって中央政府に抵抗し続けた山道《さんどう》の蝦夷▲が服属すると、彼らの主要部分は列島各地に強制移住させられるが、そのなかには地元九州の劣弱な兵士にかわって大宰府《だざいふ》の警備や、伊予《いよ》国の海賊の追捕にあてられた蝦夷もいた。これも、蝦夷の戦闘能力の高さを国家が利用しようとした例といえる。

ここで筆者が注目したいのは、右の『続日本後紀』の記事に「弓馬の戦闘は、夷獠の生習」とあるように、蝦夷の戦闘能力の高さが彼らの生まれながらの習わし、すなわち生活文化と結びついていると認識されていることである。『陸奥《むつの》国風土記《くにふどき》』逸文《いつぶん》には、東夷《あずまえびす》の征討にやってきたヤマトタケルに対して、ツチグ

▼**山道の蝦夷**　山道とは、都から陸奥国府にいたる東山道《とうさんどう》をさらに北に延長した道路をさし、宮城県北の玉造《たまつくり》・栗原《くりはら》から岩手県南の磐井・胆沢をへて志波(盛岡市付近)方面に通じていた。この山道沿いの蝦夷集団を山道の蝦夷と呼び、海道《かいどう》の蝦夷(八二ページ参照)とともに陸奥の蝦夷集団の二大区分とされた。山道の蝦夷には、伊《これ》治《はり》・胆沢・和我《わが》(和賀)・子波《しわ》(志波)などの蝦夷集団が含まれるが、阿弖流為《あてるい》・母礼《もれ》の率いる胆沢の蝦夷がもっとも有力であった。

モと津軽の蝦夷が連合して戦ったという説話がみえるが、ここでヤマトタケルが戦闘に用いたのが「槻《つき》弓・槻矢」、すなわちケヤキ製の通常の弓矢であったのに対し、蝦夷たちは「猪鹿《さつ》弓・猪鹿矢」と呼ばれる狩猟用の弓矢で応戦したという。大林太良氏が指摘しているように、このような説話が残されているのは蝦夷が狩猟用の弓矢をそのまま戦闘に用いていたことの反映であろう。

また蝦夷の地が名馬の産地であったことは、当時、都《みやこ》まで知れわたっていた。七七四（宝亀《ほうき》五）年から始まる三八年戦争▲のただなかの七八七（延暦六）年には、中央の貴族や国司《こくし》が「争いて狄馬《てきば》▲及び俘《ふ》の奴婢《ぬひ》を買う」ことを禁止している（『類聚三代格』同年正月二十一日官符）。同様の禁令は、その後もたびたび発布されている。考古資料では、中半入遺跡で五世紀末〜六世紀初頭ごろの馬の歯が出土しており、また七〜八世紀に東北北部各地に築かれた末期古墳からは古墳文化の系統の馬具《ばぐ》が出土するので、蝦夷の馬飼《うまかい》の習慣は、古墳文化の北進とともに蝦夷の地に伝えられたものと考えられる。その後、馬飼が東北の風土や蝦夷の生活形態に適合的だったので、蝦夷社会のなかで独自の発展をとげ、蝦夷の重要な生業として定着していったのであろう。

▼**三八年戦争**　七七四（宝亀五）年の海道の蝦夷（八二ページ参照）による桃生《ものう》城襲撃に始まり、八一一（弘仁《こうにん》二）年の征夷将軍文室綿麻《ふんやのわたま》呂《ろ》による爾薩体《にさったい》・幣伊《へい》二村の征討に終る、足かけ三八年間の中央政府と蝦夷の一大戦争のこと。八一一年に征討をおえた綿麻呂が嵯峨《さが》天皇への奏上《そうじょう》のなかで「宝亀五年より当年に至る、惣べて卅八歳、辺寇屢しば動き、警□絶えること無し」と述べているところからこの名がついた。

▼**狄馬**　蝦夷の飼っている馬のこと。

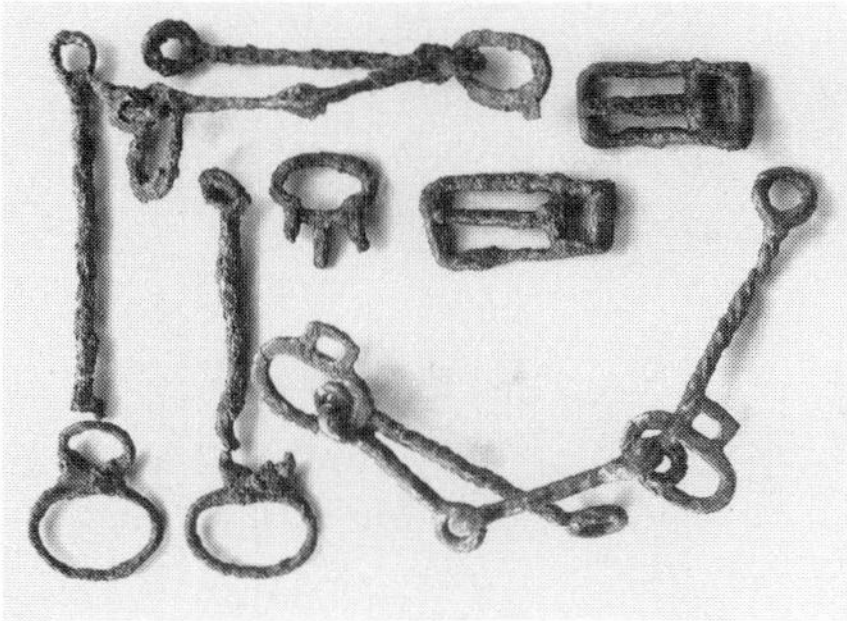

●──北上市江釣子《えづりこ》古墳群五条丸《ごじょうまる》支群出土の馬具（轡《くつわ》・鉸具《こうぐ》）

蝦夷の得意な戦法は、「弓馬の戦闘」とも表現されるように、弓矢を主要な武器とする騎馬戦法であった。しかもその弓矢は狩猟用の弓矢を用いていたと考えられる。したがって、蝦夷が騎馬戦法にひいでていたのは、狩猟と馬飼が彼らの重要な生業であったために、日常生活をとおして戦闘能力を高める機会にめぐまれていたことに起因していると考えるべきであろう。蝦夷の優れた戦闘能力は、倭人と異なる生業形態の所産なのである。

七世紀以降、北上・馬淵川流域まで集落が形成され、南の倭人文化がよりいっそう浸透してくることは重要な事実として十分に認識する必要があるが、このことはけっして東北北部の蝦夷の地までが南の倭人文化圏に包摂されてしまったことを意味するわけではない。蝦夷たちは、南の倭人社会と盛んに交流をしながら、土師器・カマド付きの竪穴住居・稲作・馬飼といった外来の文化要素をみずからのものとして積極的に受け入れつつも、伝統的な文化要素を喪失してしまうのではなく、独自の文化、生活形態を保ち続けていたととらえるべきであろう。

蝦夷文化の特質

ここで蝦夷文化の形成過程とその特質を概括してみよう。気候が寒冷化する三〜四世紀ごろに、北海道から東北北部に渡ってきた続縄文人たちこそが、のちの古代蝦夷の中核を形づくった人びとであった。彼らは狩猟・漁撈・採集をおもな生業とし、考古学的に検出しにくい平地式住居で生活し、死後は独特の土壙墓に埋葬する習慣を東北北部に持ち込んだ。しかしながら彼らは、新天地で生活を始めるとすぐさま、盛んに南の倭人文化を取り入れ、みずからの生活文化をたえず変革していった。

彼らがまず取り入れたのは、古墳文化の土師器・須恵器などの土器をはじめ、鉄器・ガラス玉などの物質文化であった。生業や精神文化など、生活文化の中核となるものは続縄文文化を保持しながらも、物質文化の一部に南からの外来文化を取り入れたというのが、成立期の蝦夷文化であったといえよう。こうした流れのなかで、六世紀末までに続縄文土器が消滅する。七世紀にはいると、東北北部でも北上川中・上流域から馬淵川上流域にかけての地域には、カマド付きの竪穴住居によって構成される集落が出現し、それにともなって稲作がふたたび北進するなど、倭人文化の影響はいっそう拡大していった。古墳時代中期に北上川中流域まで伝播してきた馬飼も、この時期に東北北部各地に広がり、急速に蝦夷の重要な生業として根づいていったであろう。さらに倭人文化の影響は北海道にまでおよび、八世紀には道央でも土師器とカマド付きの竪穴住居が一般化するのである。

こうした倭人文化の急速な浸透という流れのなかにおいても、蝦夷は続縄文文化の伝統を喪失することはなかった。とくに重要なのは、少なくとも九世紀半ばごろまでは、狩猟が蝦夷の生業のなかで特別な意味を持ち続けたと考えられることである。また墓制においても、伝統的な土壙墓が六世紀末ごろに消滅したあとも、独自の末期古墳を九世紀まで造り続ける。またその言語も「夷語《いご》」と呼ばれ、訳語がおかれたように、平安時代まで独自のものであったことが知られる。

古代蝦夷の文化は、このようにして歴史的に形成されたものであり、絶えざる変化の流れのなかにあった。しかしそれにもかかわらず、伝統的な生業である狩猟や、墓制、言語、そしておそらくは信仰形態など、彼らの生活文化のもっとも本質的な部分は、平安時代初期にいたるまで独自性を保っていたとみることができるし、倭人から受容した文化要素でも、馬飼や蕨手刀《わらびてとう》▲などのように、彼らの社会のなかで独自の発展をとげたものがあったことにも注意を払う必要がある。蝦夷は、倭人から華夷《かい》思想的意味において〝化外《けがい》の異俗《いぞく》の民《たみ》〟とみなされたが、今日、それとはまったく別の意味合いで彼らの文化の独自性は積極的に評価されるべきであると考える。

さらに蝦夷と倭人では、その社会構造も大きく異なっていた。倭人社会は古墳時代以降、政治的統合が急速に進み、国家形成の道をあゆむが、蝦夷社会は、社会全体を統合するような権力が未発達で、個々の蝦夷集団の自立性が相対的に強かった。蝦夷社会の基礎単位は律令制《りつりょうせい》下の郷程度の規模の「村」で、それらが相互に独立性を保ちながらもネットワークを形成してゆるやかに結びつき、ヒト・モノの交流や情報伝達が行われていたと考えられる。緊急時には、このネットワークを介して共同した軍事行動をとることも可能であった。蝦夷は、文化も社会構造も倭人とは異なる存在だったのである。

なお、右のような蝦夷の文化・社会の概括は東北北部の蝦夷を念頭において

▼**蕨手刀**　柄頭《つかがしら》が早蕨《さわらび》の形ににているのでこう呼ばれる。七世紀後半に群馬・長野県地方に出現し、八〜九世紀に東北地方、とくに蝦夷の地である東北北部で盛行する。また末期古墳にしばしば副葬されるなど、蝦夷の族長層の威信財という性格ももつ。蕨手刀は東北北部で柄《つか》、さらには刀身に反り《そ》が加わって、「突く」刀から「斬る」刀へと機能的な変化が起こったことが指摘されており、日本刀の祖型となったとみる説が有力である。

いる。蝦夷の地の南限に近い、現在の宮城・山形県域などの東北中部や新潟県北部の蝦夷は基本的に倭人と同様であったとみてよい。一方、渡嶋の蝦夷の地である北海道では、当然のことながら、北方文化の伝統はより強固に残り、倭人文化の影響も、土器・鉄器・竪穴住居などをはじめとしてけっして無視できないが、より部分的なものにとどまったとみられる。蝦夷の文化・社会を正当に理解するためには、それが独自性をもった歴史的存在であることとともに、多様な形態を含むものであったことも十分に理解しておく必要があろう。

このように、古代国家は列島北縁部の多様な生活文化をもつ人びとを「蝦夷」と一括して呼んだのである。その彼らが、どの程度お互いに〝われわれ〟という同類意識をもっていたのかを見極めるのは容易ではない。たとえば東北北部の蝦夷諸集団が相互に同類意識をもつことがあったことは十分に考えられるが、彼らがより南の、基本的に倭人と同じ文化をもっていた蝦夷たちをも同類とみなしていたとは考えにくいし、渡島の蝦夷を同類とみていたかどうかも慎重な検討を要すると思われる。著者はさらに、おそらく状況次第で、同類意識の強弱や有無さえもが変動したのではないかと想像している。

③―古代国家の蝦夷支配

倭王権の蝦夷支配

以上にみてきたように、古代の蝦夷《えみし》とは、六世紀中ごろに、東北北部に住む続縄文《ぞくじょうもん》文系の文化を基層にもつ異文化集団を中核に、その南に接する東北中部および新潟県北部の地域の倭人《わじん》文化圏に含まれる住民と、のちには北方文化圏の中心である北海道の住民をも含めて、古代王権《おうけん》が設定した種族概念であったが、蝦夷概念の設定は、古代王権による蝦夷支配の始まりをも意味した。そこで、以下では、古代国家による蝦夷支配についてみていくことにしたい。

倭《わ》王権は、国造《くにのみやつこせい》制を施行した六世紀半ばごろに、国造制の施行範囲の外側の人びとを〝化外《けがい》の民《たみ》〟である蝦夷として一括してとらえ、各地の蝦夷集団を服《ふく》属《ぞく》させて一定の政治関係を結び、入朝をうながす政策を取るようになる。さきにふれたように、服属した蝦夷はヤマト《やまと》の王宮《おうきゅう》にまで来朝し、ツキを貢納し、倭王権の守護神に忠誠を誓う服属儀礼を行った。倭王権は、朝貢《ちょうこう》してきた蝦夷を饗宴でもてなし、禄物《ろくぶつ》や位階《いかい》などをあたえた。こうして倭王権と蝦夷集団のあ

▼大溝によって区画された集落　ただし、発掘区域が集落のごく一部なので大溝がどのようにめぐるかは不明。

●—南小泉遺跡「囲郭《いかく》集落」の大溝発掘風景

いだには、互酬的な朝貢制的政治関係が設定されていったが、このような関係の設定には武力による強制もともなったようで、『日本書紀《にほんしょき》』には蝦夷の反乱伝承が散見するし、上毛野《かみつけの》氏が、代々、倭王権による蝦夷支配を担った氏族として登場する。

文献史料から倭王権の蝦夷支配に関して知られることはけっして多くないが、近年、この時期の蝦夷政策にかかわる興味深い考古学的事実が知られるようになった。それは、従来から知られていた関東系土器《どき》(関東系土師器《はじき》)と呼ばれるタイプの土器の東北地方での出土が六四五(大化《たいか》元)年の大化改新《たいかのかいしん》よりもさかのぼることが、考古学的にほぼ確実視されるようになったということである。

仙台市南小泉《みなみこいずみ》遺跡は、弥生《やよい》時代から近世にかけて継続して営まれた一大集落遺跡であるが、近年の発掘調査で、古墳時代の後期に、その一角に大溝によって外部の居住区域と区分された集落▲が営まれたことが判明し、その大溝の堆積土および内部の住居跡から初期の関東系土器がまとまって出土した。その年代は、研究者によって若干の相違があるが、共伴した須恵器《すえき》からみて大化改新よりさかのぼることは確実といってよく、報告書では六世紀末という年代観が示されたが、七世紀初頭ごろとみるのが現在の大勢のようである。

　関東地方の器形や製作技法で製作された土師器である関東系土器にも、関東地方の製品が搬入されたとみられるタイプや在地で製作されたとみられるタイプなど、異なる類型の存在が指摘されているが、いずれにしても東国《とうごく》(関東地方)からのヒトの移動が関係していることは否定できない。そのような特殊な土器が、仙台平野の拠点集落である南小泉遺跡の一角に築かれた大溝をめぐらした居住区から集中的に出土するという状況から、外来勢力が仙台平野をおさえるために行った政治的な動きを読みとることはごく自然であろう。さらにその時期が七世紀初頭ごろということになると、倭王権はすでに東北南部から九州中部にいたる地域を国造制や部民《べみん》制▲・屯倉《みやけ》制▲などによって支配下においていたから、仙台平野への政治的な進出を関東の勢力の独自の動きとみることは困難で、その背後には倭王権の存在を想定せざるをえないと思われる。

　この時期の関東系土器は、南小泉遺跡より少数だが、仙台市内の複数の集落遺跡や南小泉遺跡から五〇キロほど北に隔たった宮城県北部の栗原《くりはら》市瀬《せ》峰《みね》泉《いずみ》谷館《やだて》跡、逆に九〇キロほど南にある福島県中部の本宮《もとみや》市高木《たかぎ》遺跡でも出土して

▼**部民制**　部民《べのたみ》(部《べ》)とは、大《だい》王《おう》・王妃《おうひ》・王族・氏族《しぞく》などに隷属し、生産物の貢納や労役の奉仕を行った人間集団のこと。倭王権は王権に結集した畿内の支配層に見返りとして部民の領有を認め、国造の領内にさまざまな部民を設定していった。部民は国造の一族のものを伴造《とものみやつこ》に任じて管理させ、畿内の支配層が必要とする貢納物や労役の収取を行った。

▼**屯倉制**　倭王権が国造の支配や農業経営を行うために国造領内においた政治的・軍事的拠点。中央から派遣された使者(ミコトモチ)がここで大王の命令を国造らに伝え、王権の地方支配を実現していった。農業経営地を付属する朝廷の直轄領的なミヤケが多数を占めたと思われるが、那津官家《なのつのみやけ》(福岡市付近)のような政治的拠点としてのミヤケも少なくなかったと思われる。

●—郡山遺跡出土の関東系土器

いる。とくに高木遺跡は阿武隈《あぶくま》川右岸の自然堤防上に立地する古墳《こふん》時代後期を中心とした拠点集落で、やはり大溝をめぐらした内部の住居跡から南小泉遺跡と同じ時期や、やや新しい時期(七世紀後半)の関東系土器が多数出土している。

このように、現時点での土器の形式学的な編年を基礎とした年代観によるかぎり、いわゆる関東系土器の初現が大化改新をさかのぼることは否定しがたい状況であるが、この時期の出土例はまだ多くはなく、出土状況もさまざまなので、関東系土器の背後にあるこの時期の移民の性格をどうとらえるかという問題の解決は、今後に期するところが大きい。とくに泉谷館遺跡のように、八世紀前半に多くの城柵《じょうさく》・官衙《かんが》(役所)が造営された大崎《おおさき》市周辺の大崎平野よりもさらに北に位置する集落遺跡から初現期の関東系土器が出土することは驚異といってよく、現在の知見によってこれを解釈することはむずかしい。ただ現時点で初現期の関東系土器に関して注目されるのは、出土する遺跡が仙台平野に集中するということと、南小泉遺跡や高木遺跡のように、拠点集落の一角の大溝で区画された居住域から集中的に出土するということである。これらのことから、この時期の移民政策が東北中南部の拠点集落の政治的な掌握と、仙台平野への植民を重要な目的として含んでいたということは想定してもよいであろう。

古墳時代の東北地方では、拠点集落を相互に結んだ交易ネットワークが形成されており、拠点集落は交易センターの機能を有していたことをさきに指摘したが、そうすると倭王権が東国の勢力を使って南小泉遺跡などの拠点集落を政治的な支配のもとにおいた目的の一つは、当時、南北両文化圏のあいだに形成されていた交易ネットワークを掌握することにあったとみることができる。また文献史料から、倭王権が東北各地の蝦夷集団を服属させ、朝貢制的な政治関係を設定する政策をとっていたことが知られるが、この点をふまえると、この時期の王権によって構築された植民をともなう政治拠点は、もう一方で蝦夷の朝貢制的な支配関係の維持・拡大という機能を担っていた可能性も考えてよいと思われる。東国の人びとの植民は、そのような政治拠点の維持に必要であったのであろう。

大化改新と「柵」の設置

大化改新は、古代国家の地方支配にとって一大転機をなした。国造の支配するクニを解体して評《こおり》▲という改革が行われるのである。王権の地方に対する支配を強化しようとする改新政権の政策が、その時点でどの程度実現したかについては議論が分かれるが、大化直後に全国的規模で評がおかれていったことは否定しがたい事実であり、これによって中央集権の実が一定程度あがり、王権の地方に対する支配力が格段に強化されたことは否定できない。古代国家の北辺にあたる北陸地方と東北地方でもクニが解体され、それぞれ越国《こしのくに》と道奥国《みちのくのくに》(のちの陸奥《むつ》国、以下表記は陸奥国に統一する)がおかれて、そのもとに評が組織されていったと考えられる。

七世紀後半の蝦夷支配体制のあり方を正当に理解するためには、改新政権による地方支配の大転換という事実を十分にふまえる必要がある。改新の直後に初見する「柵《き》」の設置も、そのような観点から考えられなければならない。『日本書紀』によれば、六四七(大化三)年に越国に渟足柵《ぬたりのき》(新潟市付近)を築くとともに柵戸《きのへ》《さつこ》▲を付属させ、さらに北に磐舟柵《いわふねのき》(村上《むらかみ》市付近)を造営して越と信濃《しなの》の民を柵戸として移住させている。この二つの記事が、蝦夷の居住地域におかれた城柵と柵戸の初見史料である。大化改新の政治改革にともなって国造制が解体され、

▼**評**　評はコオリと読み、律令制下に国の下におかれた郡《こおり》の前身となる地方行政組織。実際に改新後の数年間のうちに全国的規模で設置されたと考えられる。評設置の最大の意義は、それまで国造が支配していたクニを解体しておかれた行政組織ということにある。以後、地方支配は中央から派遣される国司のもとで地元の複数の評の官人が共同しておさめるという方式に改められ、地方豪族の権限は大幅に削減された。七〇一(大宝元)年の大宝令の施行にともなって郡と改称される。

▼**柵戸**　城柵の造営にともなって東国や北陸などから組織的に移配された城柵に付属する民。

かわって評制がしかれたが、その外縁に蝦夷の支配拠点として「柵戸」を付属した「柵」を設置するという政策がとられたのである。

『日本書紀』によれば、改新直後に「柵」がおかれたことが知られるのは越国側▲のみであるが、近年、陸奥国側にも「柵」が設置されたとみられることが、発掘調査によって知られるようになった。それが仙台市郡山《こおりやま》遺跡である。郡山遺跡は仙台市南部の広瀬《ひろせ》川と名取《なとり》川の合流点付近の自然堤防上に立地し、西方を除く三方を両河川に取り囲まれている。現在までに新旧二時期の官衙（役所）遺構が発見されており、古い段階のものを「Ⅰ期官衙」、新しい段階のものを「Ⅱ期官衙」と呼んでいる。Ⅱ期官衙の時期には、その西南に隣接して付属寺院である「郡山廃寺《はいじ》」が営まれる。

Ⅰ期官衙では、飛鳥《あすか》Ⅲ形式と呼ばれる畿内《きない》の土師器が出土していることから、その造営の時期が七世紀第3四半期にあたるとみられ、また王権の直接的な主導によって造営された施設であることも想定できる。官衙区域は東西約三〇〇メートル、南北約六〇〇メートルにわたって広がっており、真北より東に三〇〜四〇度傾いた方向を基準に建物が建てられている。施設全体の外囲いとみら

▼**越国の柵**　『日本書紀』斉明天皇四（六五八）年七月甲申《こうしん》条にみえる「都岐沙羅《つきさら》柵」も越国の「柵」とみられる。

●—郡山遺跡遺構図（『仙台市史』通史編2より、長島栄一氏作成）

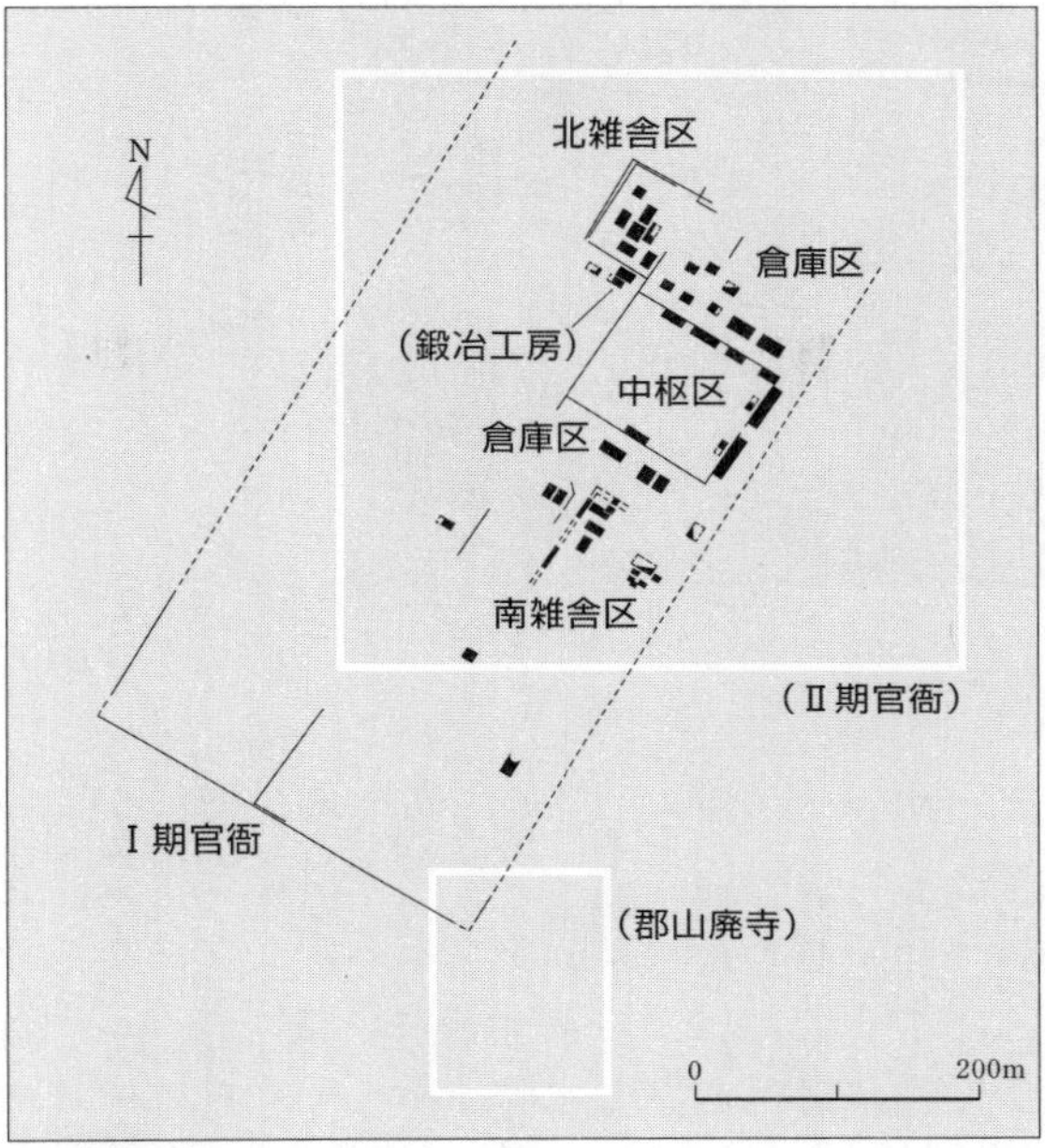

Ⅰ期官衙

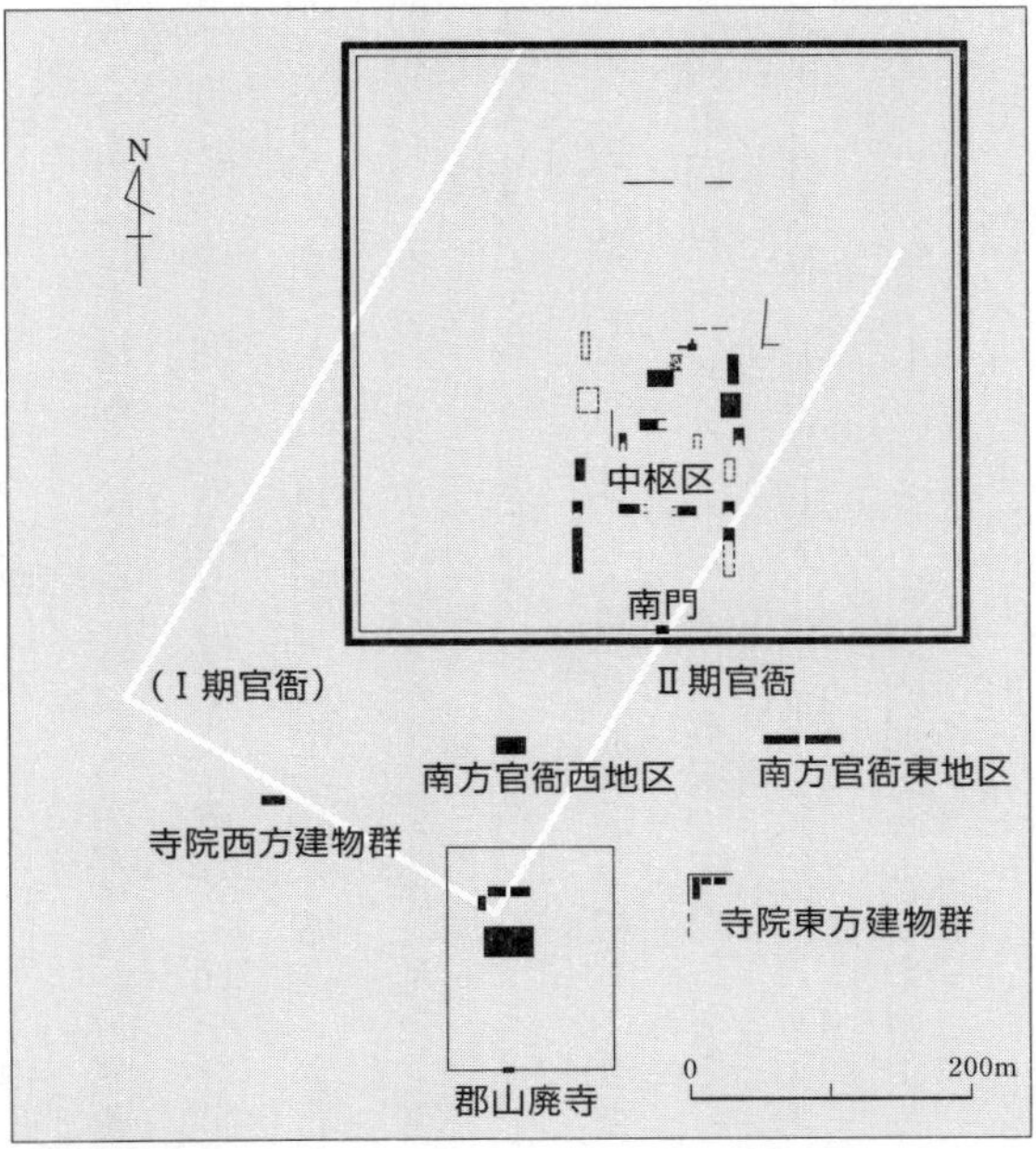

Ⅱ期官衙

▼材木塀　溝のなかに丸柱材を密接して立てならべた塀。表紙写真参照。

●郡山遺跡Ⅰ期官衙の中枢部隣接建物遺構

れる材木塀▲が南辺や東辺で発見されており、その内部をさらに材木塀や板塀でいくつかの区画に分割し、官衙を配置していたとみられる。Ⅰ期官衙は、外囲いが長方形であることや、律令制《りつりょうせい》下の官衙の中枢部のようにコの字型の区画がみつかっていないこと、さらには中軸線の傾きが著しく、施設の正面が東側であった可能性が高いことなど、律令制下の官衙とはかなり異なる様相を呈することがしだいに明らかになってきており、律令制下の定型的な城柵・官衙が成立する前段階の国家的な施設とみられる。また関東系土器や東北地方北部の特徴を示す土師器が出土していることも注目される。

Ⅰ期官衙は七世紀末ごろに取り壊されて、あらたに真北を基準にしてⅡ期官衙が造営される。全体を四町四方(四二八メートル)の材木塀で区画し、さらにその外側に大溝をめぐらす。材木塀の南辺中央には八脚門《はっきゃくもん》があり、南西コーナーと西辺上では櫓《やぐら》状の建物が検出されている。官衙内部の中央やや南よりのところに政庁《せいちょう》があったようで、八間《けん》×五間(東西一七・四メートル、南北一〇・八メートル)の正殿《せいでん》とみられる掘立柱《ほったてばしら》建物がみつかっており、政庁の全体規模はかなり大きくなる可能性もあるが、まだ不明な点が多い。正殿の北側には建物

●郡山遺跡Ⅱ期官衙の玉石組方形池

▼「柵」の字義　『説文解字《せつもんかいじ》』に「柵は豎《たて》(竪)の木を編めるものなり」とあり、木を立てならべて垣としたものの意。

に接して南北一三メートルほどの石敷の広場がある。この石敷のすぐ北東のところから飛鳥の石神《いしがみ》遺跡のものににた玉石組の方形の池(東西三・七メートル、南北三・五メートル)がみつかっている。このⅡ期官衙は七二四(神亀《じんき》元)年の多《た》賀城《がじょう》の創建に相前後して廃絶することなどから、多賀城以前の陸奥国の国府《こくふ》とみられている。

郡山遺跡は七世紀後半の陸奥国における蝦夷政策を考えるうえで、文献史料の欠落を補う重要な遺跡である。Ⅰ期官衙は、出土した土器に加えて、『日本書紀』から知られる改新後の蝦夷政策の推移などからみて、おそらく改新の直後、越国側での渟足・磐舟の両柵の造営とほぼ時を同じくして造営された施設であろう。しかもその外囲いの施設である材木塀は「柵」の字義▲に合致しており、関東系土器が出土することが「柵戸」の存在を示唆すると思われることとあわせて、大化期の「柵」の一つとみて誤りないとみられる。

「柵」はキと訓まれるが、このキは、本来、施設の外囲いの呼称で、「城」という表記のほうが一般的である。古代の文献史料には「稲城《いなき》」「茨城《いばらき》」「石城《いわき》」「水城《みずき》」などがみえ、キは木柵のほか、築地《ついじ》・土塁《どるい》・石塁・濠(池)・稲・茨など、さまざまなもので構築された。キ(柵・城)とは、これらの区画施設そのもの、ないしはその区画施設をめぐらした施設全体のことで、通常、それらは防御機能を有していた。またキには恒久的な施設もあれば、応急のバリケード状の施設もあり、その性格もさまざまである。したがって防塁《ぼうるい》・木柵・築地・濠などの防御的機能を有する区画施設をともなった施設であればキと呼ばれたのであり、区画施設で取り囲まれた施設本体がいかなるものかにはかかわらない呼称なのである。そしてキの表記には通常は「城」字を用いるが、東北や南九州の城柵に限って、奈良時代前半ごろまでは「柵」の字が用いられた。それは、郡山遺跡の状況などからみても、これらの施設の外囲いが、もともと木柵で構築されていたということに起因しているとみられる。

施設としての「キ」と、その一形態である「柵」をこのように考えると、近年発見された宮城県内の遺跡では、郡山遺跡以外にも、大化改新後に陸奥国に設置された「柵」に該当するとみてよいと思われるものがいくつか存在する。すなわち七世紀後半代に営まれたとみられる、周囲に区画溝と材木塀(木柵)をめぐらした特殊な集落遺跡がそれである。大和町《たいわ》一里塚《いちりづか》遺跡や東松島市《ひがしまつしま》赤井《あかい》遺跡では、この時期の比較的規模の大きい溝と材木塀をめぐらせた区画施設の一部が発見されており、その内部には多数の竪穴住居《たてあなじゅうきょ》や小型の掘立柱建物が存在していることが判明した。ほかにも多賀城市山王《さんのう》遺跡や大崎市権現山《ごんげんやま》・三輪田《みわだ》遺跡でも同じタイプとみられる遺構が発見されている。注目されるのは、これらの遺跡からはいずれも関東系土器がまとまって出土していることで、関東からの移民をともなった施設であることが確実視される。またこれらの遺跡の大半で、少数ながら東北北部系統の土師器が出土していることも注意される。施設の外側を木柵で囲み、関東からの移民、すなわち柵戸をともなうことは、郡山遺跡のⅠ期官衙と共通する。

現在のところ、このタイプの遺跡は「囲郭《いかく》集落」とか「特殊集落」と呼ばれて、集落遺跡としてとらえられているが、筆者はこれらも初現期の「柵」の範疇に含めるべきであると考える。さきにも述べたように、「柵」という呼称は施設の外囲いに着目したもので、内部の施設本体の形態・性格にはかかわらないから、郡山遺跡のような大型建物を中心とした官衙的なものに限る必要はなく、形態的には集落であっても木柵を周囲にめぐらしていれば、「柵」の概念に含まれる

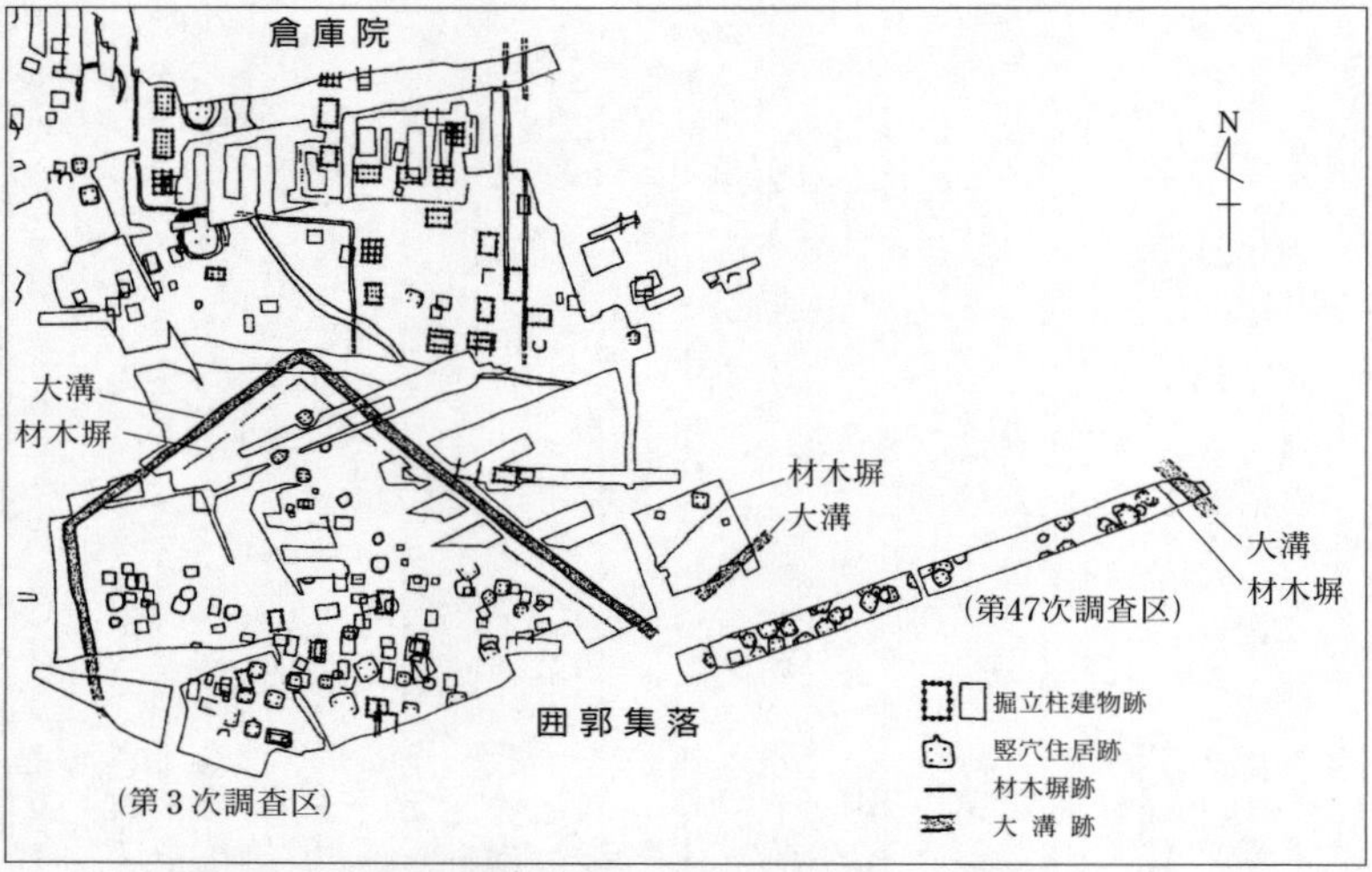

●――一里塚遺跡「囲郭集落」遺構配置図(村田晃一「7世紀集落研究の視点(1)」『宮城考古学』4号より)

●――宮城県内の初現期の「柵」と主要城柵・官衙遺跡

とみてよいと思われる。文献史料にみえる渟足・磐舟・都岐沙羅《つきさら》などの越国の「柵」が郡山遺跡のような官衙タイプのものばかりとは考えがたいことからみても、「柵」には後者の類型に属するものもあったとみる必要があると思われる。また『日本書紀』によれば、越国の「柵」には柵戸ばかりでなく、「柵養蝦夷《きこう》」と呼ばれる服属した蝦夷や「柵造《きのみやつこ》」と呼ばれる官人もいたから、後者の集落的形態をとる「柵」にも、柵戸や柵養蝦夷を統率する官衙的機能が備わっていたとみるべきであろう。

これらの初現期の「柵」は、外囲い施設の存在や関東系土器の大量の出土など、大化以前の南小泉遺跡・高木遺跡などの「囲郭集落」に類似する面があり、その発展形態であることはまちがいない。しかし筆者には、両者には施設の構造や立地の本質的な部分で相違があるように思われる。まず大きな相違は、初現期の「柵」が蝦夷の地の南限地帯に集中的に造営されるのに、それ以前の「囲郭集落」は、高木遺跡の場合のように、明らかに蝦夷の地から離れた地域にも分布している。また形態的にも、現在のところ、初現期の「柵」遺跡の外囲いには必ず木柵がともなうのに、南小泉遺跡や高木遺跡では外囲いが大溝のみで、木柵は確認されていない。この点に着目すると、これらの大化以前の「囲郭集落」は、「キ」ではあっても「柵」の範疇には含まれないことになろう。さらに決定的な相違は、郡山遺跡のⅠ期官衙の存在である。仙台平野以北の地域に山王遺跡、一里塚遺跡、権現山・三輪田遺跡、赤井遺跡などの初現期の「柵」がいっせいに出現するのは、この巨大な倭王権直営と考えられる官衙タイプの「柵」の存在を前提とするものであり、その支配機能に依拠するものであったと考えるべきである。

『日本書紀』によれば、蝦夷の地に「柵」が築かれ、そこに「柵戸」が移配されるのは大化改新の直後のことである。それに対して、木柵と関東系土器をともなう初現期の「柵」遺跡の出現が郡山遺跡のⅠ期官衙の段階であるとすると、両者はよく整合するといってよい。初現期の「柵」は、倭王権の交易ネットワークの掌握と地方支配の拡大強化を目的とした北方政策の継承という側面と、大化改新による地方支配の転換と連動した蝦夷支配の再編という両面からその意義をとらえる必要があろう。

斉明朝の蝦夷政策

六五五（斉明《さいめい》天皇元）年に重祚《ちょうそ》（再即位）した斉明女帝は、改新政権の蝦夷政策の成果のうえに立って、さらに積極的な蝦夷政策を繰り広げる。

中大兄皇子《なかのおおえのおうじ》とともに難波《なにわ》から飛鳥に戻ってきた女帝は、飛鳥で倭京《やまとのみやこ》《わきょう》の建設を大々的に行った。「狂心の渠《たぶれごころみぞ》」「石の山丘」、さらには須弥《しゅみせん》山像や亀形石造物などの特異な施設、建造物をつぎつぎとつくって王都《おうと》を飾り立てたところから、女帝の度はずれた〝「興事《こうじ》」好き〟が人びとの非難を受けることになる。倭京にあらたにつくられた須弥山像を中心とした儀礼空間では、蝦夷などの化外の民が饗応を受け、服属儀礼が行われた。この場所が明日香《あすか》村の石神遺跡であるが、ここでは六〇点以上の陸奥《みちのく》産とみられる内面を黒色処理した土師器が出土している。朝貢してきた蝦夷がもたらしたものであろう。また郡山遺跡と同様の玉石組の一辺約六メートルの方形の池が発見されている。ともに服属儀礼に際して行われたみそぎに用いられたものではないかと考えられる。

斉明女帝は、王都に化外の民が服属儀礼を行う儀礼空間をユニークな石造物などで飾り立てると同時に、蝦夷の地への遠征を大々的に行った。『日本書紀』

▼粛慎　北海道に居住する蝦夷とは異なる種族。七世紀から北海道では擦文文化期に移行するが、同じころオホーツク海沿岸を中心に大陸の沿海州系統の文化が広がり、独自の文化圏を形成する。これをオホーツク文化と呼んでいるが、阿倍比羅夫の北方遠征に登場する粛慎人(アシハセ)とは、このオホーツク文化人である可能性が高い。

は六五八(斉明天皇四)年から三年連続で行われた阿倍比羅夫《あべのひらふ》の北方遠征のようすを阿倍氏の家記《かき》に基づいて伝えている。この遠征によって、斉明朝初年までに服属していた津軽《つがる》の蝦夷に加えて、齶田《あぎた》(秋田)・渟代《ぬしろ》(能代《のしろ》)・渡嶋《わたりのしま》(北海道)の蝦夷、さらには粛慎《あしはせ》▲などがあらたに服属する。北海道にまでおよぶ大遠征は、空前のことである。このとき服属した蝦夷や粛慎は、はるばる倭京にまで朝貢していき、飛鳥寺《あすかでら》の西の広場の須弥山像のもとで服属儀礼を行った。王都の人びとは、斉明の王権が蝦夷や最遠の粛慎までも従えるほどの高い権威を有していることを実感したことであろう。こうして女帝が行った倭京でのさまざまな「興事」と北方遠征は、倭京の儀礼空間を介して一連の政策として結びつくことになる。女帝にとって空前の北方遠征は、倭京の造営とならぶ王権強化策の一つなのであった。また遣唐使《けんとうし》に蝦夷の男女二人を同道して唐の皇帝高宗《こうそう》に謁見《えっけん》したのも、ちょうど比羅夫の遠征が連年行われていた六五九(斉明天皇五)年のことである。これは倭国が蝦夷を「朝貢国」として従える小帝国であることを唐に対して主張しようとしたもので、女帝の蝦夷に対する政治意識をよく示している。女帝は、小帝国を標榜する倭王権の権威づけに有効な存在として、北方

▼**郡領と主政**　いずれも郡の官人。当時は郡という呼称はまだなく、評と呼ばれていたから、郡領は実際には評造《こおりのみやつこ》または評督《こおりのかみ》と呼ばれたと思われる。

の蝦夷に目をつけたのである。

『日本書紀』では、斉明朝の北方遠征に関する記事は、阿倍比羅夫の日本海側の北征を中心に構成されているが、これは『日本書紀』の記事が阿倍氏の家記を主たる材料として記述されたためで、事実を客観的に伝えたものとはいいがたい。斉明天皇五年三月の比羅夫の二度目の遠征記事の末尾に「道奥と越の国司《こくし》に位《くらい》各二階、郡領《ぐんりょう》と主政《しゅせい》▲に各一階を授く」とあるのは、日本海側に越国守の阿倍比羅夫の遠征軍が派遣されたときに、詳細は不明であるが、太平洋側にも道奥（陸奥）国司を中心とした遠征軍が派遣され、同じような成果をあげたことを示すものとみられる。同じ時期に陸奥国でも大規模な遠征が行われていたのである。

このような遠征は、八世紀以降の征夷《せいい》とは性格を異にしていた。令制《りょうせい》下における征夷が蝦夷と境を接する地域に城柵を設置し、あらたに郡（近夷《きんい》郡）をおいて領域支配を拡大することを基本としたのに対して、斉明朝の北征は各地に居住する蝦夷集団と個別的に接触して服属させ、それらと朝貢制的な政治関係を結んで倭王権の政治支配のもとにおこうとするものであった。令制下の蝦夷政策が国郡制の「面的」な拡大を基本としたのに対して、斉明朝の北征は朝貢制支配の「点的」な拡大を意図したものであったといえる。『常陸国風土記《ひたちのくにふどき》』香島《かしま》郡条は、「淡海《おうみ》のみ世《よ》(＝天智《てんじ》朝)、国覓《くにま》ぎに遣わさんとして、陸奥の国石城船造《いわきのふねつくり》に令《おお》せて、大船を作らしめ、此《ここ》に至りて岸に着き、即《やが》て破れきと謂《い》う」という興味深い伝承を伝えている。六九八(文武《もんむ》天皇二)年には南島に「覓国使《くにまぎ》▲」がつかわされている。おそらく斉明朝の遠征隊も「覓国使」と呼ばれるような使節であったのであろう。また『続日本紀《しょくにほんぎ》』霊亀《れいき》元(七一五)年十月丁丑《ていちゅう》条によれば、閇《へ》村の蝦夷須賀君《すがのきみ》らは先祖以来、定期的に陸奥国府《こくふ》に昆布を貢献してきたというから、この地域の蝦夷集団と中央政府との朝貢関係は七世紀代にまでさかのぼることになる。この閇村とはのちの閉伊《へい》村(岩手県宮古《みやこ》市付近)のこととみられるので、七世紀代に現在の岩手県中部の沿岸部でも王権に服属した蝦夷集団があったことになる。

これらの史料をふまえると、七世紀後半には陸奥側においても「覓国使」が何度か派遣され、海岸伝いに少なくとも岩手県中部辺りまで北上し、各地の蝦夷集団と接触をはかり、朝貢制支配に組み込むことが行われたと考えられる。こ

▼**覓国使**　「覓」は求める意。「化外」の民を服属・朝貢させることを目的として派遣された武装した遠征隊のこと。主として七世紀後半に、朝貢制支配を拡大するために陸奥・越や南島に派遣された。

▼**出羽**　七一二(和銅五)年、越後国出羽郡と陸奥国最上《もがみ》・置賜《おいたま》郡を母体に建国。

▼**越後**　七世紀末に越国を越《えち》前《ぜん》・越中《えっちゅう》・越後の三カ国に分割。

のような動きと郡山遺跡やほかの「柵」の造営、およびそれらの地域への東国からの柵戸の移配という政策が無関係であったとは考えがたい。この時期の「柵」と柵戸は「覓国使」の基地と要員にもなったであろう。

律令国家の蝦夷支配

七〇一(大宝《たいほう》元)年に制定された大宝律令で骨格ができあがった律令国家は、陸奥・出羽《でわ》▲・越後《えちご》▲の国司《こくし》に、蝦夷支配のために、ほかの一般の国司にはない権限を付与した。それが「饗給《きょうきゅう》・征討《せいとう》・斥候《せっこう》▲」の三つの権限である。「饗給」と「征討」は、いわば律令国家の蝦夷政策の二本柱であって、この硬軟両様の政策を巧みに織りまぜて、蝦夷支配を行っていったのである。「饗給」には多額の財源が必要となるし、「征討」には軍事力が不可欠で、蝦夷支配には、膨大な物資と兵員が必要とされた。

また律令国家は、国司の一員を蝦夷支配の拠点である城柵に派遣し、城司《じょうし》として常駐させるという政策をとった。配備された軍団兵・鎮兵▲・俘《ふ》軍▲などの指揮、付属する柵戸や蝦夷の統率、さらには城柵に朝貢してくる蝦夷に対する饗

▼**饗給・征討・斥候**　以上は養老令の規定で、大宝令では「饗給」が「撫慰《ぶい》」となっていた。「饗給」とは、服属した蝦夷を懐柔するために饗応したり、禄を支給したりすることで、「撫慰」も懐柔の意である。「征討」は、いうまでもなく蝦夷に対する武力行使を意味し、「斥候」は蝦夷の動静を探ること。

▼**鎮兵**　東国の軍団から徴発された専業兵士で、食糧は官給であり(公粮《こうろう》)、城柵に配備された。いわば征討軍の常駐化という意味をもつ兵士。令制の軍団兵が、当土の公民から徴発され、いくつかの番(班)に分かれて交替で勤務し、装備・食糧が自弁であるのと対照的な存在で、平時の武力の主力となるが、財政的な負担は大きかった。

▼**俘軍**　服属した蝦夷で編成された軍隊。

応や禄《ろく》の支給などの任務は、国司クラスの中央派遣官でなければ遂行することができなかったのである。そういう意味で城柵は、国府の分身という性格をもっていた。

律令国家は、蝦夷の地との境界地帯に城柵をつぎつぎと設置していった。それらの地域には東国などから柵戸が移配されて郡がおかれ、律令国家の領域はしだいに北へと拡大していった。律令国家の蝦夷政策は、このような城柵の設置と柵戸の移配による「面的」な支配の拡大を基本としていたが、同時に倭王権の段階から行われていた蝦夷集団と個別に朝貢制的な政治関係を結ぶ「点的」な支配の拡大策も継続して行っており、このような方式でかなり遠方の蝦夷集団まで、ゆるやかにではあるが、支配下においていくのである。

さきにみたように、七世紀後半段階に、日本海側では、津軽・齶田（秋田）・渟代（能代）、さらには渡嶋（北海道）の蝦夷が服属しているし、太平洋側でも、閇村の蝦夷などはすでに服属していたとみられる。律令国家もこのような支配方式を継承し、維持する政策をとった。七一〇（和銅《わどう》三）年に陸奥の蝦夷が「君」のカバネのついた姓をあたえられているが、以後、律令国家は服属した蝦夷の族長に「地名＋君」の類型の姓を授けるようになる。七三七(天平九)年に陸奥出羽連絡路の建設▲が試みられたときに山道《さんどう》に派遣された和我君計安塁《わがのきみけあるい》▲の姓もこの類型である。三八年戦争で頑強に中央政府軍に抵抗した蝦夷の族長である阿弖《あて》流為《るい》と母礼《もれ》も、それぞれ大墓《おおはか》公と盤具《いわとも》公▲という姓をもっていたから、彼らの一族は戦争勃発以前の奈良時代には律令国家に服属して公(君)姓を授かっていたとみてよい。

こうしてみると、日本海側ばかりでなく、太平洋側でも三陸《さんりく》沿岸部や北上《きたかみ》川中流域の蝦夷集団の多くは、意外に早い段階で中央政府に服属し、朝貢関係を結んでいたことになる。律令国家の領域の外側には、国家に服属し朝貢関係を結んだ蝦夷集団の居住域が広がっていたのである。筆者は、奈良時代のなかばごろまでには、東北北部の大部分と北海道の一部の蝦夷集団は、このような形で律令国家の朝貢制的支配のもとに組み込まれていたのではないかと想像する。

彼らは七世紀代にはヤマトの王宮まで朝貢していったが、律令国家段階になると、通常は各地に設置された城柵に朝貢していくようになった。渡嶋の蝦夷も、奈良時代を通じて出羽国に朝貢してきている。蝦夷たちが城柵に獣皮・

▼陸奥出羽連絡路の建設　陸奥按察使《あぜち》大野東人の建言に基づき、七三七(天平九)年に、多賀城から秋田に移転した出羽柵まで、雄勝村(横手《よこて》盆地)を経由した直通路を開通させようとした事業。中央から派遣されてきた持節大使《たいし》藤原麻呂《まろ》のもとで、大野東人《おおののあずまひと》と出羽守田辺難波《たなべのなにわ》が中心となって事業を進めたが、雄勝村の俘長《ふちょう》(蝦夷の族長)らの反対などのために比羅《ひら》保許《ほこ》山まで一六〇里(約八四キロ)の道を開設して計画は中断される。

▼和我君計安塁　和我(和賀)は、平安時代初期の八一一(弘仁二)年に和我郡がおかれた地域(岩手県北上市周辺)で、計安塁はこの地域の豪族であると思われる。

▼大墓公・盤具公　七五九(天平宝字三)年に「君」のカバネの表記を「公」と改めた。

▼狭布　陸奥・出羽両国で賦課された、通常の調布よりも規格が狭小な麻布。主として夷禄(蝦夷に支給される禄)の財源にあてられた。

馬・昆布などの産物を貢納すると、その返礼として宴会が催され、鉄器・絹織物・狭布《せばぬの》▲・米などの物資、さらには位階《いかい》や夷姓《いせい》などの政治的表徴を授けられた。朝貢制的な支配関係とは、多分にこのようなギブ・アンド・テイクの互酬的な性格をもつもので、経済的にいえば一種の交易でもあった。蝦夷にとっても経済的・政治的な利益があったので、比較的容易にこのような関係が拡大していったのである。逆に、いったん両者の利害が対立すると、朝貢制的な関係は容易に破棄されうる流動的で、不安定な関係でもあった。律令国家の蝦夷支配は、このような疆域《きょういき》外の蝦夷の朝貢制的な支配と、それに随伴するモノとヒトの交流の重要性を十分に認識しないと、正確には理解できないであろう。

多賀城の創建

律令国家は、改新政権が創始した「柵」の造営と柵戸の移配によって「面的」支配を拡大するという方式を継承して蝦夷支配をスタートさせた。最初にめだった動きがあったのは日本海側で、七〇八(和銅元)年に越後国に出羽郡をおくとともに、相前後してそこに出羽柵を設置して領域を北に拡大する。ところが、翌年、それに反発したと思われる蝦夷の反乱が起きたので、すぐさま征討軍を派遣して鎮圧し、ついで七一二(和銅五)年には出羽郡にそれまで陸奥国に属していた最上《もがみ》・置賜《おいたま》の両郡を加えて出羽国をおいた。

一方、陸奥国側では、七一三(和銅六)年に丹取郡《にとり》▲が大崎平野に建置される。七〇七(慶雲《けいうん》四)年には「陸奥国信太《しだ》郡」がみえ、これがのちの陸奥国志田《しだ》郡(宮城県大崎市付近)などの前身の郡とみられるので、この時点で陸奥国の北限は現在の大崎平野で、そこには少なくとも信太郡と丹取郡の二郡があったことになる。ついで七一五(霊亀《れいき》元)年には、東国の相模《さがみ》・上総《かずさ》・常陸・上野《こうずけ》・武蔵《むさし》・下野《しもつけ》六カ国の富民一〇〇〇戸を陸奥に移配しているが、これはおもに丹取郡などがおかれていた大崎地方へ柵戸として移配されたのであろう。一〇〇〇戸というのは律令制下の二〇郷分に相当する数で、東北地方への柵戸の移配としては最多の部類に属する。このような大量の富民柵戸の入植によって、もともと蝦夷の地に属していた大崎地方の支配体制が大幅に強化されたことは想像にかたくない。このことは、当然のことながら、この地域の本来の住民である蝦夷の生活環境を大きく変えることになったはずで、その強い反発を招くことにもなって

▼**丹取郡**　かつては名取郡(宮城県名取市周辺)のこととみるのが一般的であったが、七二八(神亀五)年に丹取軍団を玉作軍団と改称していることや、古代の玉造郡の地域(宮城県大崎市周辺)に多賀城よりも古い城柵・官衙・寺院・集落などの遺跡が集中していることが知られるようになって、現在ではのちの玉造郡などのいくつかの郡の母体となる郡とみる見解が有力である。

いったであろう。

つぎの段階が七二四(神亀元)年の多賀城の創建である。『続日本紀』にはなぜか多賀城創建の記事が欠落しており、その初見は七三七(天平《てんぴょう》九)年の陸奥出羽連絡路建設の記事に「玉造《たまつくり》等の五柵」とともに「多賀柵」とみえるものである。ところが今も多賀城の南門跡のわきに立つ多賀城碑▲には「この城は、神亀元年……大野朝臣東人《おおののあそんあずまひと》▲の置く所なり」とあり、多賀城が神亀元年に大野東人によって創建されたことが明記されている。しかも多賀城には当初から陸奥国府と鎮《ちん》守府《じゅふ》が並置されたとみられる。鎮守府は鎮兵を兵力としてもつ軍政機関で、その長官が鎮守将軍であった。鎮守府とともに創設された鎮兵制が陸奥国の常備軍の大幅な増強を意味したことはいうまでもない。多賀城の創建は、鎮兵というあらたな常備軍とその統轄機関である鎮守府の創設と一体の事業であったのである。

また『続日本紀』にみえる「玉造等の五柵」とは、玉造・新田《にいだ》・牡鹿《おしか》・色麻《しかま》の四柵に、名称不明の一柵のことで、このころ大崎・牡鹿地方におかれていた城柵である。これらの城柵がいつおかれたかも文献史料からは不明であるが、考古

▼**多賀城碑**　七六二(天平宝字六)年に藤原朝狩《あさかり》が多賀城を「修造」したことを記念して建てられた石碑。江戸時代には壺《つぼ》の碑《いしぶみ》と呼ばれた。明治以降は近世の偽作とみる説が有力となるが、近年、さまざまな角度から再検討が行われた結果、偽作説は完全に否定された。

▼**大野朝臣東人**　?〜七四二年。奈良時代の代表的な武将の一人。七二四(神亀元)年に多賀城を創建し、また同年に勃発した海道の蝦夷の反乱でも武勲を立てた。以後、陸奥守・鎮守将軍・陸奥出羽按察使などの要職を歴任し、一五年余にわたって律令国家の蝦夷支配の中心的地位にあり、七三七(天平九)年の陸奥出羽連絡路開設事業も主導した。七三九(天平十一)に参議に任じられて都に戻る。翌七四〇(天平十二)年、大宰府で藤原広嗣《ひろつぐ》の乱《らん》が起こると持節《じせつ》大将軍に任じられ、鎮圧にあたった。

学的調査によって、多賀城の創建期に用いられた瓦が、多賀城から二〇～三〇キロも北に隔たった大崎地方の複数の瓦窯《がよう》で焼かれたことや、同じ瓦窯の瓦が大崎地方の大崎市名生館《みょうだて》官衙遺跡・新田《にった》柵跡・加美《かみ》町城生《じょう》遺跡などの城柵・官衙遺跡や、大崎市伏見廃寺《ふしみはいじ》跡・色麻町一ノ関《いちのせき》遺跡などの寺院跡に供給されていることが判明した。また牡鹿柵跡の可能性が高い東松島市赤井遺跡でも、この時期に官衙施設の整備が行われているし、大崎市杉《すぎ》の下《した》・小寺《こでら》遺跡や加美町東山《ひがしやま》遺跡(推定賀美郡家《かみぐうけ》跡)などの官衙遺跡の造営も多賀城の創建に相前後する時期とみられる。多賀城の創建と併行して、空前の規模の蝦夷支配体制の再編成が進められていたのである。しかも瓦の生産体制のあり方などからみて、このときの支配体制の強化の重点は大崎地方にあったと考えられる。

このように多賀城の創建が、当時、陸奥国の北辺であった大崎・牡鹿地域できわめて組織的に実施された城柵・官衙の整備と一体のものであり、しかも大崎地方で生産された瓦の供給を受けるという異例の方式がとられていたことが考古学的に明らかにされたことの意義は大きい。多賀城創建の歴史的意義は、この時期に陸奥国で大規模な蝦夷支配体制の再編が実施された理由とともに解

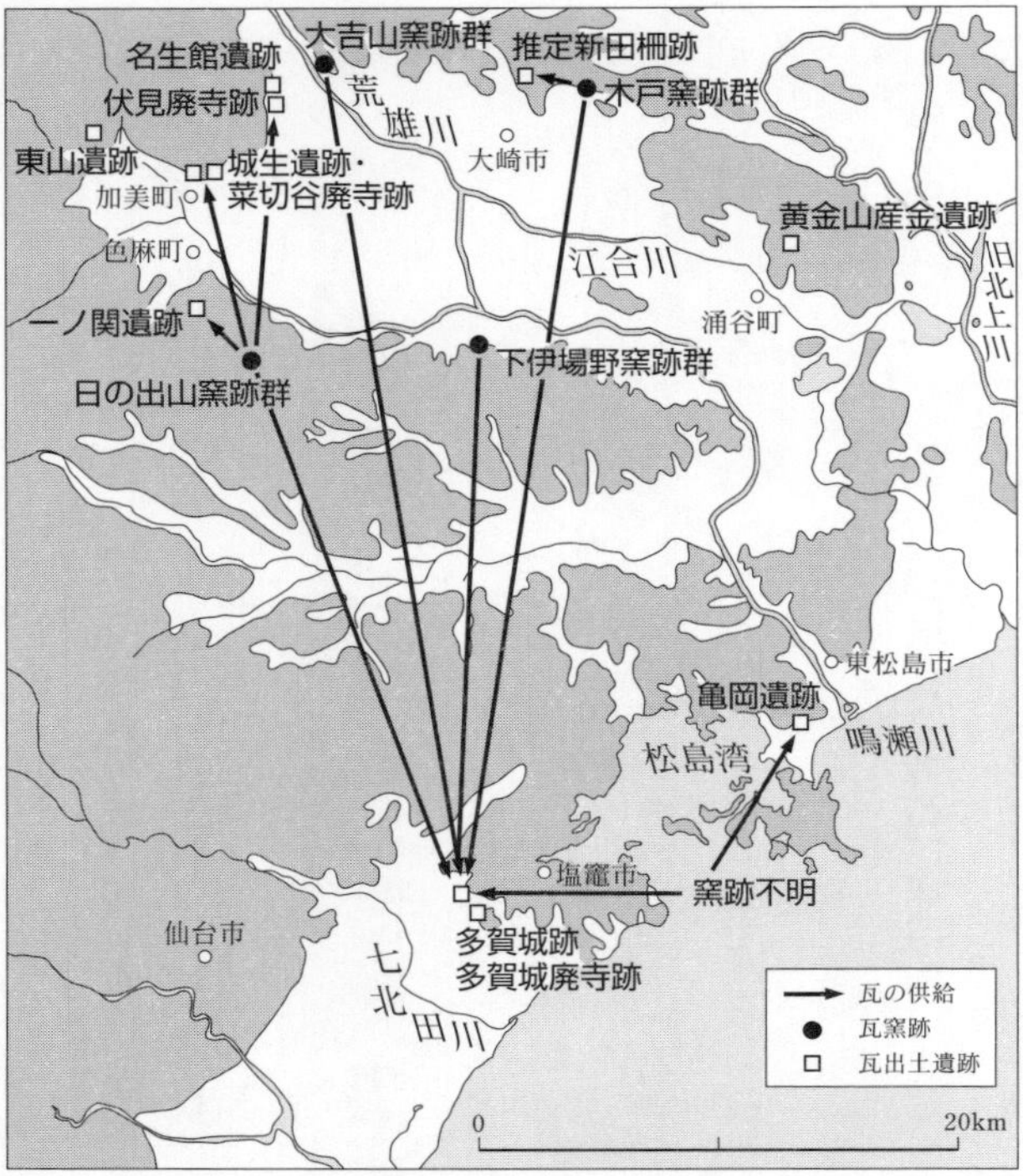

●—多賀城創建期瓦の供給関係図（宮城県多賀城跡調査研究所『多賀城—発掘のあゆみ—』より一部改変）

●—多賀城跡全体図（宮城県多賀城跡調査研究所『多賀城—発掘のあゆみ—』より）

●—多賀城碑（拓本）

明されなければならないのである。

七二〇年の蝦夷の反乱と蝦夷支配の再編

多賀城創建の四年前にあたる七二〇(養老《ようろう》四)年に、陸奥国で蝦夷の反乱が起こっている。『続日本紀』は「陸奥国奏言《そうげん》すらく、『蝦夷反乱して、按察使《あぜち》正五位上上毛野朝臣広人《かみつけののあそんひろひと》を殺せり』と」(同年九月丁丑条)と簡単に記すのみで、このときの乱の詳細は一切不明である。ところが乱の一二〇年後に興味深い事件が起こる。三八年戦争の蝦夷側の抵抗の中心となっていた胆沢《いさわ》地域が、平安時代初めの八〇一(延暦《えんりゃく》二十)年に坂上田村麻呂《さかのうえのたむらまろ》らの征討によって制圧され、さらに八一一(弘仁《こうにん》二)年に爾薩体《にさったい》・幣伊《へい》二村の征夷が行われたのを最後に、征夷軍による蝦夷征討に終止符が打たれる。しかしながら、その後も陸奥国の奥《おく》郡(岩手県南部の北上川中流域)では不穏な情勢が続き、律令国家の望むような安定した支配体制はなかなか形成されなかった。とくに八三六(承和《じょうわ》三)年から八五五(斉《さい》衡《こう》二)年ごろにかけては奥郡で武装した俘囚《ふしゅう》の騒乱が頻発し、陸奥国が援兵を動員して鎮圧にあたることもしばしばであった。

そのようななか、八四〇（承和七）年三月に陸奥国はまたもや援兵の派遣を必要とするような事態に陥った。『続日本後紀《しょくにほんこうき》』によると、このとき陸奥国の奥邑《おくゆう》（＝奥郡）では、口々に「庚申《こうしん》」と称して逃げだす民（非蝦夷系の住民）があとをたたず、収拾がつかなくなったので、救援軍二〇〇〇人を徴発して事態の沈静化にあたるということになった。注目されるのは、人びとが先を争って逃げだしたのは、〝往事のできごとに懲りているため〟と記されていることである。ここにいう「庚申」とは、この八四〇年の干支にあたる。六〇年ごとに同じ干支がめぐってくるので、一つ前の庚申年は七八〇（宝亀《ほうき》十一）年になるが、この年には東北古代史上有名な伊治公呰麻呂《これはるのきみあざまろ》の乱▲が起こっている。按察使紀広純《きのひろずみ》が殺され、多賀城が焼討ちされるなど、陸奥国の蝦夷支配体制はもろくも瓦解し、陸奥国は大混乱に陥った。そしてもう一つ前の庚申年が七二〇年ということになる。この年も蝦夷の反乱が起こって按察使が殺害されていることはさきに述べたとおりである（蝦夷の反乱で按察使が殺害されるのはこの二回だけ）。したがって〝往事のできごと〟とは、この二つの蝦夷の反乱のことにちがいない。

このように陸奥国の民衆のあいだでは、七二〇年に起きた反乱が六〇年後の

▼伊治公呰麻呂の乱　伊治公呰麻呂は現在の宮城県北の栗原市周辺の蝦夷系の豪族で、律令国家に服属し上治《かみはり》郡の大領《たいりょう》に登用されていた。七八〇（宝亀十一）年、覚鱉《かくべつ》城の造営のために按察使紀広純が伊治城にはいったときに、呰麻呂が伊治城の俘軍（服属した蝦夷の軍隊）と内応して反乱を起こした。広純と牡鹿郡大領道嶋大楯《おおたて》を憎んでいた呰麻呂は両人を殺害し、さらに南下して多賀城を焼討ちして、陸奥国を大混乱に陥れる。

▼陸奥・石城・石背三国　七一八（養老二）年に、陸奥国の石城・標葉《しねは》・行方《なめかた》・宇太《うた》・日理《わたり》の五郡と、常陸国の菊多《きくた》郡を分割して石城国をおき、同じく陸奥国の白河《しらかわ》・石背・会津《あいづ》・安積《あさか》・信夫《しのぶ》の五郡を割いて石背国をおくが、後述のように七二四（神亀元）年前後には再併合される。

伊治公呰麻呂の乱に匹敵するものとされ、庚申の年には蝦夷の大乱が起こるという風説さえ生み出し、一二〇年後に奥郡の民衆の大量逃亡が起こる引き金にもなるのである。したがって、七二〇年の蝦夷の反乱はそうとう大規模なものであったとみられる。その原因としては、七一三(和銅六)年の丹取郡建置以来の陸奥国の辺郡に対する支配強化策に対する反発ということが、まず考えられよう。

　そこで改めて乱後の事態の推移をたどってみると、反乱の影響が深刻であったことを思わせるできごとがいくつも目につく。まず、反乱の起こった年に陸奥・石城《いわき》・石背《いわせ》三国▲の租《そ》調庸《ちょうよう》▲を免除したのをはじめとして、翌七二一年、七二二年と三年連続で陸奥国の調庸を免除していることである。これは蝦夷の反乱によって動揺した移民系(＝柵戸)の住民が多数逃亡して流浪しているのを本《ほん》貫地《がんち》に呼び戻すための方策であったとみられる。反乱自体は征討軍が派遣されて半年ほどで鎮圧されるが、その後も在地では混乱が続いていたのである。

　そして七二二(養老六)年には、鈴木拓也氏が明らかにしたように、陸奥按察使▲管内の調庸制を廃止し、そのかわりに成年男子から布を徴収する新税制に切

▼**租調庸**　律令制下の公民《こうみん》に賦課された主要な租税。租は口分田《くぶんでん》一段《たん》につき二束《そく》二把《わ》の稲が賦課する税で、当国の正倉《しょうそう》に収納され、地方財政の財源となった。一方、調と庸は正丁《せいてい》(成年男子)に賦課された人頭税。調はミツキと訓《よ》み、服属集団の貢納物(ミツギモノ)に起源する税で、律令制下ではおもに絹織物や麻布をおさめたが、海産物などの特産品の場合もあった。庸はチカラシロと訓み、歳役《さいえき》(年間一〇日、都で労役に従事する力役)に従事するかわりにおさめる税で、麻布・米・塩などでおさめた。調と庸は都まで運ばれ、中央政府の財源となった。

▼**陸奥按察使管内**　陸奥按察使は、この時点では陸奥国に加えて出羽国、それに七一八(養老二)年に陸奥国から分立した石城・石背両国がまだ再併合されていなければこの両国をあわせて管轄していた。

り替えるという、思い切った政策が打ち出された。この新税制の税額は、従来の調庸制の負担額に比べて四分の一以下に設定され、しかもそれを陸奥国内の蝦夷に支給する禄(夷禄《いろく》)の財源に充当することにした。一般の公民に対する大幅な負担軽減と蝦夷の懐柔策という、一石二鳥を狙った政策である。調庸制は、まさに律令国家の存立の基盤となる税制であるから、通常の令制国でこれを停廃するなどということは考えがたいことである。律令国家の受けた衝撃がいかに大きかったかは推して知るべしであろう。

新税制の施行と同じ日に、「鎮所《ちんじょ》」への軍粮《ぐんろう》の運輸を奨励する政策が打ち出される。「鎮所」までの距離と供出する軍粮の量に応じて位階を授けるという政策で、このあと七二三(養老七)年から七二四(神亀元)年にかけて十数名の東国などの豪族が、私穀を陸奥国の「鎮所」に運んで外従五位下《げじゅごいのげ》の位階を授かっている。この「鎮所」がどのような施設かということに関しては諸説があるが、関係史料を検討してみると、⑴鎮兵などの兵士が駐屯し軍粮が備蓄される施設で、⑵征夷の際には軍事物資が集積されて軍事行動の拠点となり、⑶城司などの軍事指揮権をもった官人の任地であり、⑷柵戸を付属していた、ということなどがわかる。しかも「鎮所」は、複数の右のような施設の汎称として用いられる場合もあったことは注意される。

陸奥国で右の(1)〜(4)の条件を満たすような施設は、城柵をおいてほかには考えがたい。また軍団兵士が兵粮《ひょうろう》・装備の自弁を義務づけられていたのに対し、多賀城の創建に相前後して創設された鎮兵は公粮《こうろう》が支給される専業兵士であったから、その制度の創設にはあらたな財源を確保する必要があった。つまりこの時期に推進された「鎮所」への軍粮運輸の奨励策は、あらたに鎮兵を配備することになった城柵へ、東国などの豪族の協力をえて早急に必要な軍粮を備蓄しようとする政策であったと理解される。

そこでつぎに問題になってくるのが、これらの「鎮所」が具体的にどこの城柵にあたるのかということである。「鎮所」という施設名は、『続日本紀』などの文献に散見されるが、とくに七二二〜七二四年の三年間に集中的にあらわれる。これはちょうど多賀城が創建される時期にあたっており、まず考えられるのは多賀城の造営との関連である。ところが、さきに述べたように、多賀城の造営は、大崎・牡鹿地域の多くの城柵・郡家・寺院などの施設と一体の事業として行われたものであり、玉造などの五柵もほぼ同じ時期に成立したと考えられる。
一方、「鎮所」は複数の城柵の包括的な呼称としても用いられるから、ここの「鎮所」とは、この時期に造営が急ピッチで進められていたと思われる多賀城と玉造などの五柵をさすとみるのがもっとも合理的であろう。

また大崎・牡鹿地方には、黒川《くろかわ》以北一〇郡▲として一括される柵戸を主体とした一〇の小規模な郡がおかれるが、このような形態の郡は全国的にみても非常に珍しい。陸奥・出羽両国には、このあとも蝦夷と境を接する地域に柵戸を主体とする郡(近夷郡)がおかれていくが、このような小規模の郡は、近夷郡のなかにもほかに例がない。しかも大崎地方には、黒川以北一〇郡の成立以前に信太・丹取などの近夷郡がおかれていて、黒川以北一〇郡はそれらを再分割していっせいに成立したものと考えられるから、いつごろ、なぜこのような郡の再分割が行われたかということが問題となる。

七二八(神亀五)年に丹取軍団を玉作《たまつくり》軍団と改称していることが成立時期を考える手がかりとなる。これは玉造郡の成立にともなう名称変更と考えられるので、玉造郡、したがってそれを含む黒川以北一〇郡の分割も、これに近いころ

▼**黒川以北一〇郡**　牡鹿・小《お》田《だ》・新田・長岡《ながおか》・志太・玉造・富《とみ》田《た》・色麻・賀美・黒川の一〇郡。

とみるのが自然である。そうすると、このような特異な小規模郡の成立もまた、多賀城や玉造などの五柵の設置と一体のもので、七二〇年の反乱後に組織的に実施された政策の一つであったことになる。その理由は、一つひとつの郡の領域を小規模にすることで郡司による支配の安定化をはかり、乱によって動揺した辺郡支配を立て直そうとしたのであろう。

実は、七一八(養老二)年に陸奥国から分置された石城・石背両国も七二八年以前に陸奥国に再併合▲されることが確実視されるので、これも七二四年前後のことである可能性が高いのである。おそらく小規模になった陸奥国の国力だけで蝦夷支配を遂行するのは困難なことが判明したために、急遽、陸奥国を旧来の規模に戻し、その国力全体を蝦夷支配に投入する方針に転換したのであろう。

そうすると、多賀城が創建される七二四年前後には、調庸制の廃止と新税制の創設を皮切りに、鎮所への運穀の奨励＝鎮兵制の創設と鎮守府の設置、玉造などの五柵の設置、黒川以北一〇郡の建置、石城・石背両国の陸奥国への再併合など、多くの政策が組織的に実施されたことになる。これらはすべて相互に関連した一連の政策だったのであり、七二〇年に勃発した蝦夷の反乱の影響がい

▼石城・石背両国の再併合　七二八(神亀五)年に陸奥国の申請によって白河軍団があらたにおかれていて(『続日本紀』同年三月甲子《かっし》条)、石背国に含まれていた白河郡がこれ以前に陸奥国の管轄に戻っていたことが知られるので、石城・石背両国はこのときまでに陸奥国に再併合されたとみてよい。

かに深刻であったかを如実に物語っている。

　この多賀城の創建とともに構築された蝦夷支配の新体制は、律令国家の側からすればかなりの成功であったといってよい。陸奥・出羽両国の蝦夷支配は、こののち、ほぼ半世紀にわたって相対的な安定期を迎えることになる。史上に記録された蝦夷の反乱は、七二四年に海道《かいどう》の蝦夷▲の反乱が起こり、藤原宇合《ふじわらのうまかい》▲を持節《じせつ》大将軍とする征討軍によって鎮圧されたあとは、半世紀後の七七四(宝亀五)年の海道の蝦夷による桃生《ものう》城の襲撃▲までみあたらないし、征討軍の派遣は、さらにのちの七八〇(宝亀十一)年に起こった伊治公呰麻呂の乱のときまで行われていない。蝦夷たちは、格段に強化された支配体制に加えて、夷禄、「君」のカバネや外位《げい》、蝦夷爵《えみししゃく》の授与などによる律令国家の巧妙な懐柔策の前に、しばらくのあいだ、反乱を起こすにはいたらなかったのである。

古代城柵の諸類型

　七世紀半ばから九世紀初頭にかけて、古代の東北地方には、蝦夷の地との境界領域に渟足柵・出羽柵▲・多賀城・桃生城・雄勝《おかち》城・胆沢城・志波《しわ》城などの城

▼海道の蝦夷　海道とは、玉造駅(大崎市)付近で山道(東山道《とうさんどう》)から分かれ、北上川下流の桃生・牡鹿郡などをへて三陸沿岸方面に通じていた交通路。この道沿いの蝦夷を海道の蝦夷といい、山道の蝦夷(四一ページ参照)とともに陸奥の蝦夷の二大区分として使われた。七二四(神亀元)年に陸奥大掾《だいじょう》佐《さ》伯《えきの》児屋麻呂《こやまろ》が殺害された蝦夷の反乱や七七四(宝亀五)年の三八年戦争の発端となった桃生城の襲撃などは海道の蝦夷によるものである。

▼藤原宇合　六九四〜七三七年。藤原四子《よんし》(不比等《ふひと》の子の四兄弟)の三男で、藤原式家《しきけ》の祖。七三七(天平九)年の天然痘の大流行により、ほかの三兄弟とともに死去。

柵がおかれていった。これらの城柵は、古代国家が蝦夷支配の拠点としておいた施設であるから、国家と蝦夷との関係を考えるうえにきわめて重要な存在で、古代史・考古学の両分野から研究が行われてきたが、これまでの研究でその理解は大きく変わってきている。

戦前の研究では、発掘事例が少ないということもあり、城柵《じょうさく》の外郭施設のみが重視され、土塁《どるい》や柵木で周囲を固めた城砦、すなわちトリデとして理解されることが一般的であった。ところが戦後、とくに一九六五(昭和四十)年ごろから東北各地の城柵遺跡で発掘調査が本格的に行われるようになり、つぎつぎと新しい考古学的事実が明らかとなった。なかでももっとも組織的に発掘調査が行われた多賀城跡の成果は注目すべきものであった。一キロ四方に築地《ついじ》(一部は材木塀)をめぐらして外郭(外囲い)とし、その内部は、中央に周囲をやはり築地で区画した政庁をおき、そのまわりにさまざまな実務的な官衙(役所)が立ちならぶというものである。中心部分の政庁は、正殿と東西の脇殿《わきでん》から構成されるいわゆる「コの字型」配置をとっており、大宰府《だざいふ》や諸国の一般の国府の政庁と基本的に同じ形態であるということも明らかとなった(七四ページ下図参照)。

▼桃生城の襲撃　桃生城は、七五九(天平宝字三)年に造営された海道の前線の城柵で、遺跡は宮城県石巻《いしのまき》市北部の丘陵上に所在する(八九ページ参照)。七七四(宝亀五)年の桃生城の襲撃は三八年戦争の発端となる大事件であるが、そのようすは『続日本紀』に「海道の蝦夷、忽《にわか》に徒衆を発《おこ》して、橋を焚《や》き道を塞《ふさ》ぎて既に往来を絶つ。桃生城を侵してその西郭を敗る。鎮守の兵、勢《いきおい》支《ささ》うること能《あた》わず」と伝えられているように、きわめて組織的なものであった。

▼出羽柵　七〇八(和銅元)年の出羽郡の建郡に相前後して現在の山形県の庄内《しょうない》地方に建置されたとみられる城柵。七一二(和銅五)年に出羽国が成立すると、その国府がおかれたと推定される。所在地は不明。七三三(天平五)年に秋田村高清《たかし》水岡《みずのおか》(秋田市)に移転し、七五七(天平宝字元)年ごろから秋田城と呼ばれるようになる。

●――城柵一覧表

城柵名	設置(初見)時期
渟足柵	六四七年
磐舟柵	六四八年
都岐沙羅柵	六五八年(初見)
出羽柵	七〇九年(初見)
多賀城	七二四年
玉造柵	七三七年(初見)
新田柵	七三七年(初見)
牡鹿柵	七三七年(初見)
色麻柵	七三七年(初見)
桃生城	七五九年
雄勝城	七五九年
秋田城(阿支太城)	七六〇年(初見)
伊治城	七六七年
覚鱉城	七八〇年(計画)
由理柵	七八〇年(初見)
大室塞	七八〇年(初見)
玉造塞	七八九年(初見)
胆沢城	八〇二年
志波城	八〇三年
中山柵	八〇四年(初見)
徳丹城	八一二年

徳丹城の創建時期は鈴木拓也氏による。

さらに胆沢城跡・志波城跡(盛岡市)・徳丹《とくたん》城跡(岩手県矢巾《やはば》町)・城輪柵《きのわのさく》遺跡(山形県酒田《さかた》市)・秋田城跡(秋田市)など、継続的に調査が行われるようになったほかの城柵遺跡でも、政庁を中心にして周囲に築地・材木塀などによる外郭施設をめぐらし、その間に官衙などを配置するという基本構造は多賀城と同じであることも解明された。こうしたことから多賀城跡の調査に携わっていた考古学者を中心に、東北の城柵は従来の見解のように軍事基地としての城塞ではなく、官衙の一類型としてとらえるべきであるという説(以下、このような学説を「城柵官衙説」と呼ぶ)が提唱されるようになるのである。

この城柵官衙説は、発掘調査によって明らかになった考古学的事実に立脚して、旧来の古代城柵に対する通念の誤りを正した点で注目すべき学説であったが、その後、この学説の主唱者の一人であった工藤雅樹氏自身が「このような城柵論には修正すべき点がいくつか存在する」と述懐しているように、現時点からみると、城柵の官衙的側面を強調するあまり、一面的な理解に陥っていた憾みがあると思われる。最大の問題は城柵の軍事的機能の評価に積極的でなかったことである。この点は、城柵が基本的に古代国家と蝦夷の地の境界領域に

▼大溝をめぐらした移民集落
③章「倭王権の蝦夷支配」(四八ページ参照)で取り上げた南小泉遺跡・高木遺跡などの七世紀初頭前後に形成されたとみられる「囲郭集落」をさす。

設置され、兵士が常駐する施設であったことや、蝦夷支配が武力をともなうものであったことなどからも訂正されなければならないであろう。

多賀城などの城柵遺跡の本格的な調査の開始は、古代城柵の見方を一変させたが、さらに近年の城柵遺跡の考古学的な調査は、文献史料からはたどることが困難な城柵の形成過程に関する貴重な事実をわれわれに提供しつつあるし、完成期の城柵にも多賀城によって代表されるタイプとはかなり異なった形態をとる城柵も少なからずあり、城柵が多様な存在形態をとっていたことを改めて認識させるような成果をあげつつある。城柵の全体像を復原するためには、文献史料による考察に加えて、このような最近の考古学的調査、研究の進展を十分にふまえることが必須となっている。

大化改新の直後に、越国および陸奥国の北辺におかれた「柵」は、倭王権が南北両文化圏の境界領域に形成されていた交易ネットワークの掌握と地方支配の拡大強化を目的として設置した、大溝をめぐらした移民集落を継承したものと考えられるが、それらとは明らかに段階を異にする施設であった。近年の調査で実態が明らかになりつつある陸奥側では、王権の出先機関的性格の強い中核的「柵」である郡山遺跡を仙台平野に設置し、さらに北方に山王遺跡、一里塚遺跡、権現山・三輪田遺跡、赤井遺跡などの、関東からの移民を主体にしながらも在地の住民(蝦夷)も一部取り込み、周囲を材木塀と溝で囲んだ「囲郭集落」の形態をとる「柵」を複数配置するという方式をとった。

このように、初現期の「柵」には官衙的性格の強いタイプと、集落の形態をとるタイプの二類型があったのである。しかし両者には共通点もある。まず両者ともに周囲を材木塀で取り囲んでいて、「柵」の形態をとっているし、東国からの移民、すなわち柵戸を付属する施設という点でも共通する。ただし後者が移民の居住域を施設内部に取り込んでいるのに対して、前者の郡山遺跡では、区画施設の外側の隣接地から移民を含む集落域が発見されている(西台畑《にしだいばたけ》遺跡・長《なが》町駅東《まちえきひがし》遺跡)。つまり初現期の「柵」にはいずれも柵戸が付属したが、それを区画施設の外側に配置する場合と、内部に取り込む場合があったということになる。後者は形態的には集落遺跡で、官衙的形態をとる前者と大きく異なるが、柵戸と付属する蝦夷を統率するには柵造などの官人が必要であるから、やはり一定の官衙的機能を有していたとみてよいと思われる。

また郡山遺跡や権現山遺跡・赤井遺跡などでは、東北北部の特徴をもつ土師器が少数ながら出土している。さらに郡山遺跡でみつかった方形の池は、既述のように蝦夷の服属儀礼に用いられたとみられるから、ここには北方から蝦夷が朝貢してきていたことになる。すなわち初現期の「柵」は服属儀礼や北方交易の場にもなっていたのである。この点は、大化前代の「囲郭集落」の交易センターとしての機能を継承するものであった。

このような初現期の「柵」のあり方は、変化をしながらも律令制下の城柵に引き継がれていった。近年の発掘調査で城柵に多様な形態のあることが明らかになってきており、これまで郡山遺跡Ⅱ期官衙・多賀城・胆沢城などの外郭線が方形にめぐる城柵を漠然と典型的な城柵の形態と考えてきたと思われるが、はたしてそれでよいのか再検討の時期に来ているように思われる。

たとえば、宮城県大崎市の新田柵跡は多賀城とほぼ同じ時期に造営された城柵遺跡であるが、外郭施設は築地が丘陵の尾根にそって構築されたようで、規格性は認めがたい。また七五九(天平宝字《てんぴょうほうじ》三)年に海道の前線の城柵として造営された桃生城は、『続日本紀』に「大河を跨《こ》え峻嶺を凌《しの》ぎ、桃生柵を作りて賊《あた》の肝《き》胆《も》を奪う」（天平宝字四〈七六〇〉年正月丙寅《へいいん》条）と形容されているように、比較的急峻な丘陵に造営された城柵で、宮城県石巻市北部の丘陵上で遺跡が発見されている。外郭線は、直線部分もある程度みられるが、全体としては地形に制約された不整形であり、しかも東西の複郭が取りつく独特の平面構造をとっていたらしいことが最近の調査で判明してきた。これは、『続日本紀』の三八年戦争の勃発を伝える記事に、海道の蝦夷が「桃生城を侵してその西郭を敗る」（宝亀五〈七七四〉年七月壬戌条）と、桃生城に「西郭」があったことを伝えることと符合する。また外郭線は築地や材木塀ばかりでなく、土塁の部分もあることが確認された。しかも外郭の北西隅では、現状では三条の土塁状の高まりが認められるが、報告書の所見ではこのうち少なくとも外側の二つの土塁を同時存在とみている。そうであれば、桃生城の西郭は二重の土塁で厳重に防御されていたことになる。

七六七（神護景雲《じんごけいうん》元）年に山道の蝦夷に備えるために造営された伊治城では、さらに興味深い事実が解明されつつある。伊治城跡は宮城県栗原市の一迫《いちはさま》川と二迫《にのはさま》川にはさまれた河岸段丘上に立地するが、もっとも外側に土塁で構築した

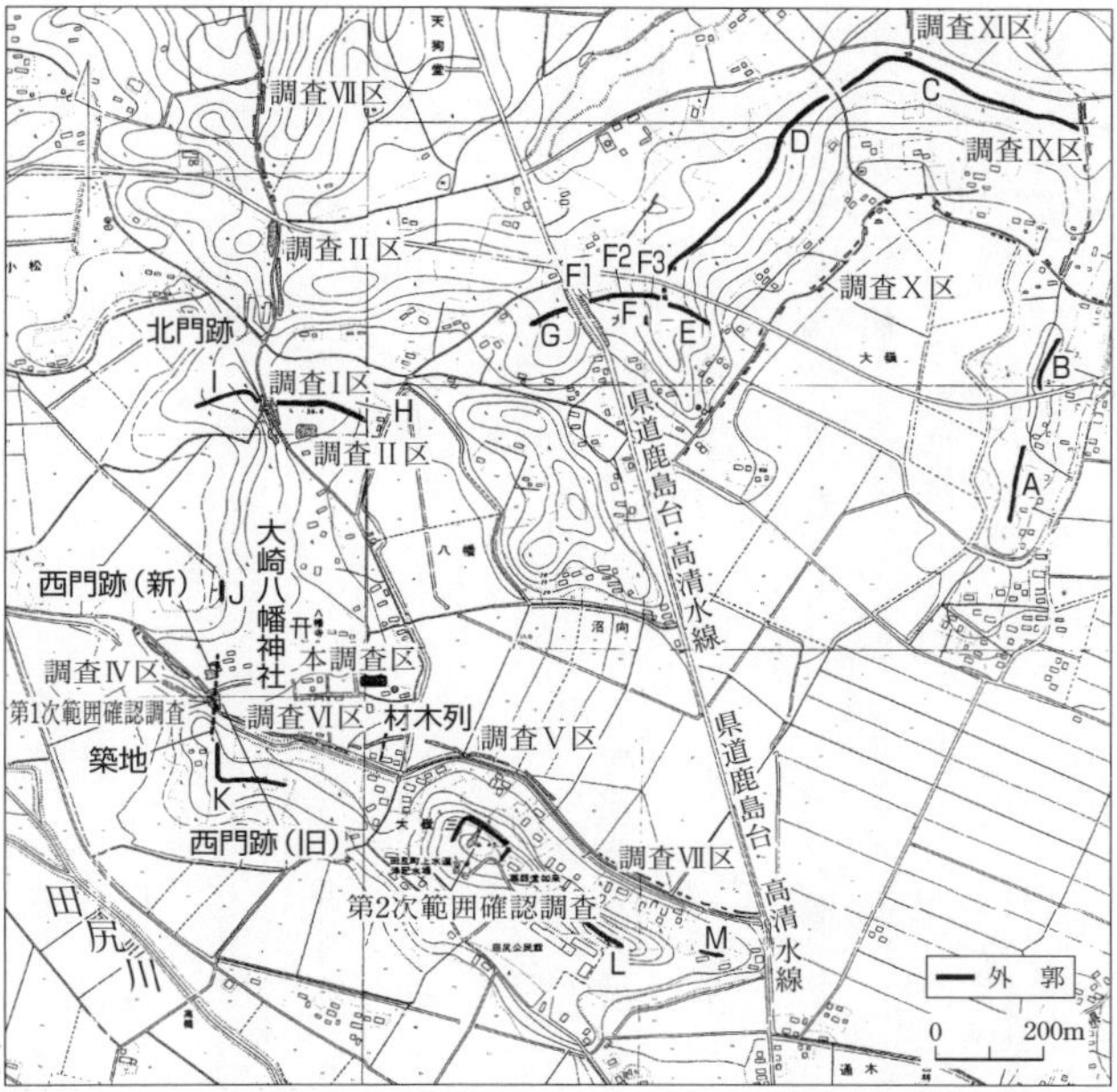

●新田柵跡全体図（田尻町文化財調査報告書第七集『新田柵跡推定地』Vを一部改変）

●桃生城跡全体図（古代城柵官衙遺跡検討会『第27回古代城柵官衙遺跡検討会資料』を一部改変）

不整形の外郭をめぐらし、その内側に築地と推定される平行四辺形状の内郭を築き、さらにその中央部に政庁をおくという三重構造をとっていることが判明した。しかも外郭の土塁は二条確認されている。桃生城の例を参考にすると、二条の土塁は同時に存在した可能性が高い。また外郭内は溝状遺構によって南北に二分され、北半部が竪穴住居から構成される居住域、南半部が掘立柱建物が建ちならぶ官衙域という使い分けがされていたこともわかってきた。

八世紀後半にあいついで構築された桃生城と伊治城は、いずれも海道と山道の最前線の城柵であった。現に桃生城は七七四(宝亀五)年に海道の蝦夷の襲撃を受けて陥落してしまい、その後は二度と再建されることがなかった。そのような緊迫した、もともと蝦夷の地であるところに、律令国家が軍事力を背景に造営を強行した城柵なのである。前者の複郭構造や、後者の三重構造、また両者ともに外囲いに二重の土塁を用いた可能性が高いこと、さらに伊治城では外郭内に居住区域が取り込まれていることなどは、すべてこのような両城柵の戦略的な立地に規定されているとみるべきであろう。

かつて虎尾俊哉氏は、桃生城と雄勝城を同時に造営した藤原仲麻呂《なかまろ》▲政権の蝦

▼**藤原仲麻呂** 七〇六～七六四年。藤原南家《なんけ》の祖、武智麻呂《むちまろ》の次男。光明子《こうみょうし》の信任をえて権力を握り、唐風《とうふう》趣味の特異な政治を行った。光明子の没後は急速に権力を失い、道鏡《どうきょう》を寵愛する孝謙上皇《こうけんじょうこう》とのあいだに確執が生じ、反乱を起こして斬殺された。東北経営では、子の朝狩《あさかり》を按察使に任じ、桃生・雄勝城の造営、多賀城・秋田城の大規模な改修を行うなど、積極的な政策を展開した。

●—伊治城跡全体図(築館町文化財調査報告書第9集『伊治城跡—平成7年度・第22次発掘調査報告書—』を一部改変)

夷政策は、それ以前の蝦夷支配の方針を変更して、いわば〝蝦夷の地へのあからさまな侵略〟という意味をもつことを指摘した。蝦夷の地への侵略は、すでに改新後の「柵」の設置のときから始まっていたといってよいが、八世紀後半にあらたに設定された桃生城—伊治城—雄勝城というラインは、それまで城柵の設置地域が、伝統的な文化でいうと、ほぼ前方後円墳《ぜんぽうこうえんふん》の北限地帯にあたっていたのに対して、かつての続縄文文化圏のなかに踏み込んでつくられた城柵であり、文化的・社会的に、より異質の蝦夷と直接対峙することになったのである。当然のことながら、蝦夷からこれまで以上に強い反発・抵抗を受けることになったと思われる。桃生城と伊治城の立地・構造は、そのような状況を雄弁に物語るものといってよい。

しかしながら、これを城柵形成史という観点からみると、やや別な側面からの評価も可能となってくる。小著では、城柵は当初から、方形の規格性が顕著な官衙的形態をとるタイプと、区画施設のなかに居住域を取り込んだ集落形態をとるタイプとの二類型があったことを指摘したが、前者の系列に属するのが多賀城・胆沢城・城輪柵跡などであり、後者の発展形態が桃生城や伊治城であ

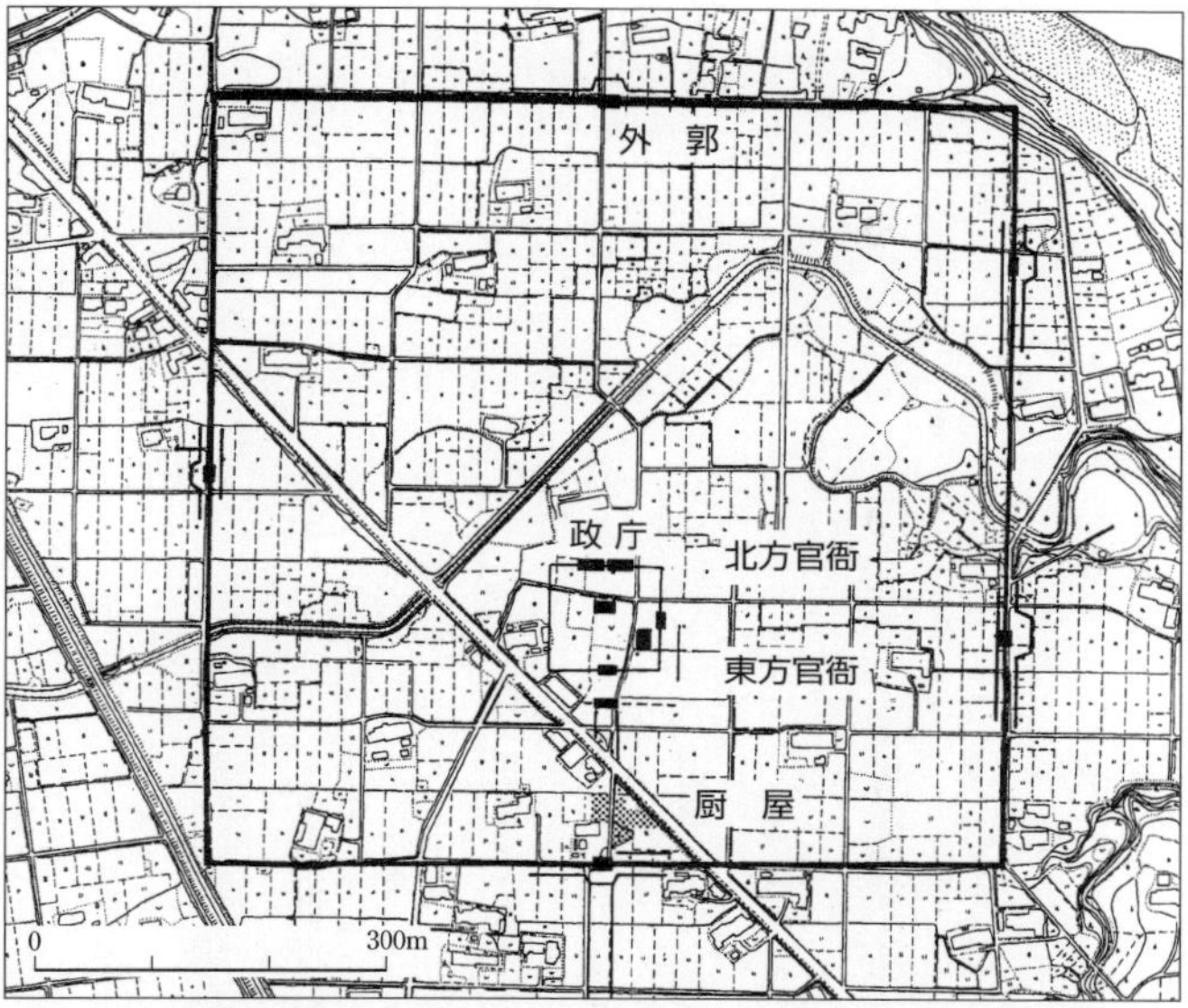

●──胆沢城跡全体図(古代城柵官衙遺跡検討会『第28回古代城柵官衙遺跡検討会資料集』を一部改変)

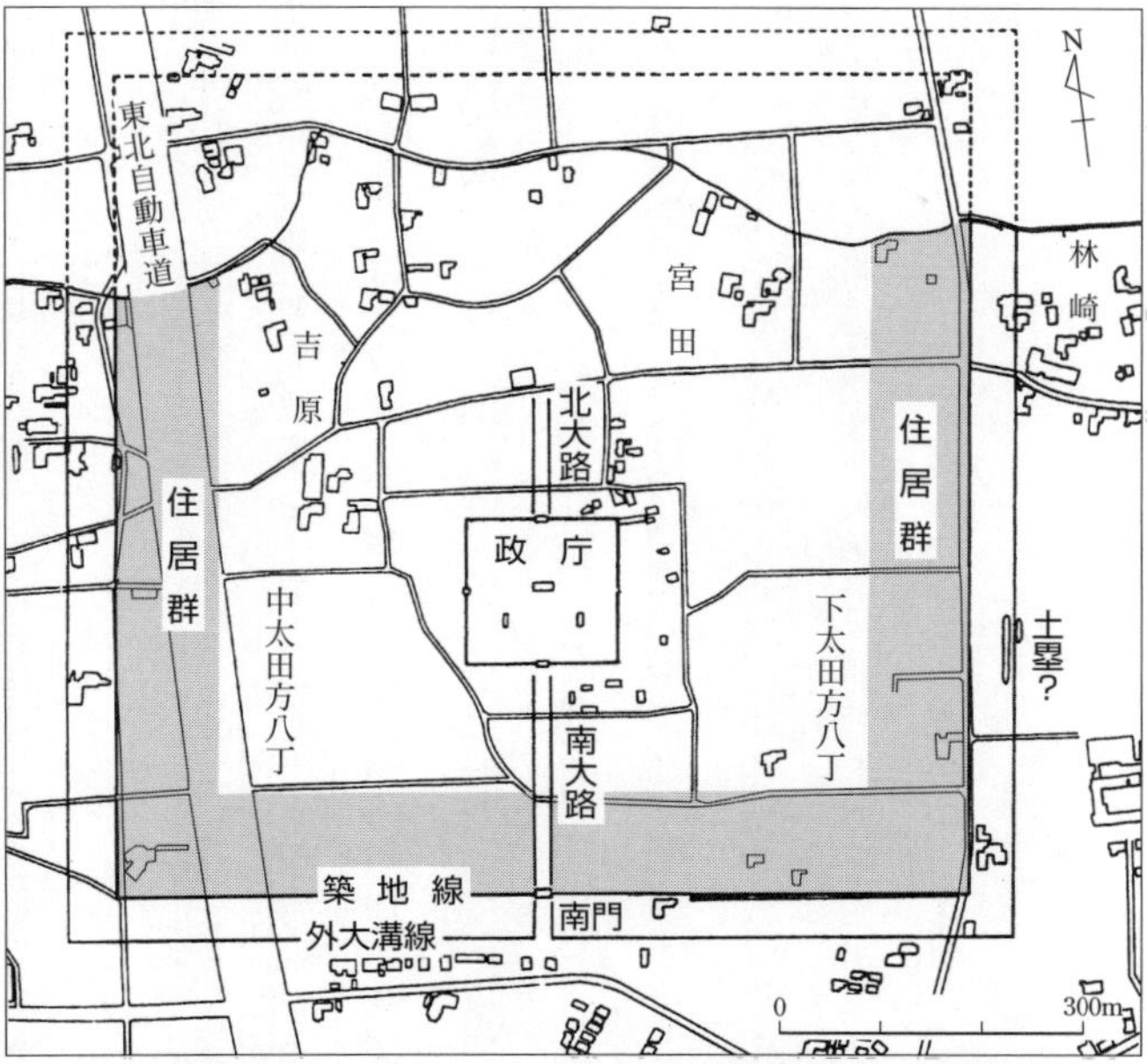

●──志波城跡全体図(八木光則・似内啓邦「志波城跡の調査と整備」『日本歴史』554号より)

ったとみることもできると思われる。また志波城は、一辺約八四〇メートルの築地が方形にめぐる構造をとるが、外郭線のすぐ内側を中心に二〇〇〇棟にもおよぶ竪穴住居が建ちならんでいたとみられる。方形の外形をとりながら、内部に居住域を取り込んでおり、いわば二つの系列の折衷型である。

また別な意味で両系列の折衷型とみられるタイプも少なからず存在する。たとえば、宮城県加美町の東山遺跡は丘陵上に不整形の築地がめぐり、城柵的形態をとるが、丘陵の下には東西二キロ、南北一・五キロにわたって、東西・南北の道路によって碁盤の目状に区画された居住域が発見されているし(壇《だん》の越《こし》遺跡)、同じく不整形の新田柵跡では、外郭の北側の隣接地で関連すると思われる集落遺跡がみつかっていて、やはり外郭線の外側に居住域が広がっていた可能性がある。城柵は多様な存在形態をとっており、けっして多賀城によって代表される方形の規格性に富んだタイプが大多数を占めるわけではないのである。

古代城柵の性格と機能

城柵の存在形態の多様性は、城柵がさまざまな機能を担っていたことの反映である。城柵は単なるトリデでも、単なる官衙でもなかった。蝦夷支配の拠点であると同時に、国家、さらには国家になんらかの形で連なる倭人と蝦夷との交流の場でもあったととらえるべきであろう。古代国家の蝦夷支配の多様なあり方、また倭人と蝦夷と多様な交流のあり方に規定されて、城柵も実にさまざまな機能を有していたのである。また城柵には一定数の柵戸と蝦夷が付属していたが、この点からみれば城柵の設置は在地社会の再編という意義をもっていたことになる。

城柵の機能を考えるにあたって重要と思われる事象を列挙してみると、まず文献史料から知られるものとして、城柵を統轄する官人である城司、軍団兵・鎮兵などの常備軍、東国や陸奥国南部からの移民である柵戸、服属した蝦夷の族長や俘囚、彼らによって編成された俘軍、蝦夷の朝貢、彼らに対する饗給・授位・賜姓《しせい》などがあげられるし、また三八年戦争の勃発時の桃生城をはじめ、伊治公呰麻呂の乱での多賀城、元慶《がんぎょう》の乱での秋田城など、城柵がしばしば蝦夷の攻撃目標となっていることの意味も改めて考えてみる必要があろう。

考古資料では、材木塀・大溝・築地・土塁などの区画施設をはじめ、区画施設にともなう門や櫓状建物、政務・儀式などを行う中心施設である政庁、掘立柱建物や区画施設で構成される官衙ブロック、竪穴住居によって構成される居住域、多賀城や壇の越遺跡で発見された方格地割《ほうかくちわり》をともなう街区、関東系土器などによって知られる移民の存在や、東北北部の土器の出土が示唆する蝦夷の朝貢ないしは蝦夷との交易などが思い浮かぶ。また多賀城に先行する名生館官衙遺跡をはじめとして、多賀城およびそれと同時期に創建される新田柵跡・城生遺跡などが、地方官衙としては異例の早さで瓦葺《かわらぶき》を用いたことも注目される。

さらに城柵はおおむね陸上交通の要衝に位置していたが、そればかりでなく、多賀城の東門からは国府津《こくふつ》としての塩竈《しおがま》が間近であったし、桃生城・胆沢城・志波城・徳丹城はいずれも北上川の流路沿いに位置しており、秋田城も雄物川の河口に築かれるなど、水運の便も十分に考慮されていた。赤井遺跡や徳丹城に運河が引き込まれているのは、さらに端的にそのことを物語る。このような古代史・考古学両分野の研究の積み重ねによって解明されてきた諸事実を十分に尊重し、かつそれら相互の関連性を考えながら諸事実のもつ意味を解明していかないかぎり、城柵の全体像はけっして明らかにならないであろう。

ここで、残された紙幅を使って城柵のもつ性格と機能の素描を試みてみたい。まず第一にあげるべきは蝦夷支配の拠点という性格である。城柵には軍事・行政にわたるさまざまな機能があったが、それらは煎じ詰めれば、大半は蝦夷支配に関連するといってよい。中央政府の最重要の財源である調庸制が廃止されたり、復活後もやがて京進《きょうしん》が停止され、陸奥・出羽両国で調庸物▲が蝦夷支配の財源とされるようになるなど、陸奥・出羽両国は蝦夷支配のためにおかれた辺《へん》要国《ようこく》という性格が濃厚である。そのような辺要国の蝦夷支配を担ったのが城柵であり、城柵を統轄したのが城司であった。

城柵に配備された兵力は、蝦夷の反乱に備えるという防衛的意味にとどまらなかった。律令国家の蝦夷支配は、つねに国家の武力を前提としたものであったことを十分に認識する必要がある。たとえば七三七(天平九《てんぴょう》)年に陸奥出羽連絡路を開設しようとしたときには、通常の兵力に加えて東国から精鋭部隊である騎兵一〇〇〇人を動員してこの事業を遂行しようとしているし、にわかに積

▼陸奥・出羽の調庸物　都まで運んで中央政府の財源とされた一般の諸国の調庸物と違って、陸奥・出羽両国の調庸物は、時期によって方式は異なるが、蝦夷支配の財源にあてられるという特徴があった。鈴木拓也氏の研究によれば、調庸制が停止された七二二〜七四六(養老六〜天平十八)年ごろは「税」という名目で布の収取が行われて夷禄に充当された。その後、調庸制と調庸物の京進がいったん復活するが、七六八(神護景雲二)年には京進が一〇年に一度だけとされ、さらに七七四(宝亀五)年に三八年戦争が勃発するとまもなく、陸奥・出羽の調庸物の京進は全面的に停止されてすべて夷禄に充当されることになり、それが三八年戦争の終結後も継続される。

極策に転じて桃生・雄勝両城の造営や多賀・秋田両城の全面建て替えを行った藤原仲麻呂政権は、鈴木拓也氏が明らかにしたように、七四六(天平十八)年以来全廃されていた鎮兵を七五七(天平宝字元)年ごろに三〇〇〇人規模で復活している。鎮兵は城柵造営の重要な労働力でもあったが、同時にこれが露骨な支配領域拡大策に対する蝦夷の反発を武力で抑え込もうとする軍事力の増強策であったことも否定できないであろう。さらには、平時においても城柵に配備された武力は蝦夷にとって大きな脅威となっていたことを忘れるべきではない。鎮兵制の創設とともに多賀城や「玉造等の五柵」が設置されると蝦夷支配が安定することは、そのことを如実に物語っている。だからこそ、城柵が蝦夷の襲撃の対象にもなったのである。律令国家による蝦夷の地の侵略、蝦夷の服属・朝貢、倭人の蝦夷に対する差別意識、両者の対等でない交流など、倭人と蝦夷のすべての関係の前提となっていたものこそ、律令国家の軍事的優位であり、端的には城柵に配備された常備軍の存在であったといっても過言でない。

もちろん律令国家はむきだしの武力のみで蝦夷を支配しようとしたのではなかった。もう一方で蝦夷に朝貢をうながす政策をとり、さまざまな懐柔策を講じた。その結果、「帰降の夷俘、各おの城塞に集まり、朝参相続き、出入寔《まこと》に繁し」(『類聚国史《るいじゅうこくし》』巻一九〇、延暦十九〈八〇〇〉年五月戊午《ぼご》条)とあるように、城柵には蝦夷の朝貢がたえなかった。地方官衙としてはいち早く瓦葺を導入したことは、蝦夷の朝貢を意識してのこととみてよい。朝貢は経済的には交易でもあったから、城柵は交易センターという性格ももつことになる。律令国家は、城柵を媒介として毛皮や馬などの貴重な北方の特産品を入手したのである。八世紀の後半以降、国司や王臣家《おうしんけ》の私交易がしだいに増大していくと、交易の場は城柵以外の場所にも拡大していったであろうが、中心はやはり城柵であった。城柵が水陸の交通の要衝に立地するのは、戦略的意味ばかりでなく、交易センターとしての性格にもよっているとみられる。

蝦夷の人びとにとって、城柵は脅威であると同時に必要な存在でもあった。蝦夷が貢納物を携えて城柵に朝貢していくと、国司に饗宴などでもてなされ、絹や麻布などを禄として下賜されるばかりでなく、位階・朝服《ちょうふく》▲や倭人風の姓をあたえられることもあった。城柵への朝貢が、蝦夷社会へさまざまなものをもたらすことになったことは、考古学的にも裏づけられる。八木光則氏は、末期

▼**朝服**　官人《かんじん》が朝廷《ちょうてい》に出仕するときに着用した衣服。位階の上下によって衣服の色が異なった。蝦夷の墳墓である末期古墳などから朝服に着用する革帯《かくたい》に取りつけた金具(銙帯金具)が出土するので、蝦夷にも朝服が支給され、都や城柵へ朝貢するときなどには、当時の規定に基づいて朝服を着用して革帯を締めたと考えられる。

古墳の副葬品《ふくそうひん》は八世紀前半を境に大きく変化することを指摘している。それまで馬具《ばぐ》・衝角形冑《しょうかくがたかぶと》・大刀《たち》など、東国の古墳文化社会とのつながりを示すものが主体であったのが、八世紀前半以降になると銙帯《かたい》金具▲や和同開珎《わどうかいちん》など、律令国家から入手したと思われるものや、蕨手刀《わらびてとう》のように、おそらく柵戸などの東国からの移民から入手して蝦夷社会で盛行したものなどに取ってかわられるのである。これは律令国家段階になって城柵への朝貢が頻繁になったことにともなう現象と解される。朝貢は蝦夷社会にさまざまな倭人の文物をもたらす契機になったばかりでなく、その際に律令国家から授与された位階や姓などの身分標識や、威信財として機能したと思われる朝服・和同開珎・蕨手刀などは、族長によって率いられる郷規模の集団を基礎単位とした蝦夷社会の構造の維持、あるいは再編成に一定の役割を果したであろう。

奈良時代から平安時代初期にかけて、城柵は倭人と蝦夷の交流や蝦夷社会のあり方をさまざまな形で規定したと考えられる。この時期、倭人と蝦夷との交流は、もちろん城柵以外の場でも日常的に行われていたはずで、とくに平安時代にはいるとその傾向が顕著になっていったであろうが、城柵の存在が政治

▼**銙帯金具**　銙帯とは金属や玉《ぎょく》・石製の装飾板を取りつけた革帯のことで、銙帯金具とはその金属製の装飾板をいう。大宝令の服制では綺帯（絹製の帯）を用いることが規定されているが、七〇七（慶雲四）年に銙帯を着用することになり、さらに七九六（延暦十五）年以降は玉・石製の装飾板を取りつけた玉・石帯に切りかわった。末期古墳の副葬品としてしばしば銙帯金具がみられるが、これは、本来、被葬者に銙帯を締めた朝服を着せて埋葬したのが、遺骸・朝服・革帯などはすべて腐朽・堙滅《いんめつ》してしまった結果と思われる。

●——銙帯金具(花巻《はなまき》市熊堂《くまどう》古墳群出土)

的・社会的に南北両社会の交流のあり方を規定する重要な要因となっていたことは否定できないであろう。

九〇一(延喜元《えんぎ》)年に陸奥守《むつのかみ》藤原滋実《しげざね》の死を悼んだ菅原道真《すがわらのみちざね》の漢詩《かんし》には、金・裘《かわごろも》・鷹・馬などが北辺での交易によってもたらされること、この交易にはトラブルがつきものであったが、うまくいけば莫大な利益が国司の懐《ふところ》に転がり込むこと、などが詠み込まれている(『菅家後集《かんけこうしゅう》』)。このころの蝦夷との交易は、国司や王臣家の私交易という性格を顕著にもつようになっていたが、その内実は、大石直正氏がいうように、権力を笠に着た〝略奪的交易〟であって、しばしば紛争の原因ともなった。蝦夷との交易は、このように支配—被支配の関係を前提にした不等価交換という性格をもっていたが、これまた蝦夷との交流のあり方が律令国家の支配の拠点である城柵の存在に規定されていたことを示している。また十世紀半ばごろから、東北北部・道南各地にはいわゆる防御性集落が出現するが、これはちょうど城柵の終末期にあたっており、城柵の消滅による政治的・軍事的規制の弛緩がこのような集落の形成要因の一つになっていると考えられる。このこともまた、城柵がその設置地域だけではなく、広く蝦夷社会全体に大きな影響をおよぼしていたことを示すものであろう。

城柵の性格を考えるにあたって、もう一つ逸することができないことは、城柵が一定数の住民を付属した組織であったということである。城柵は古墳時代後期に倭王権が東北中南部の拠点集落の政治的掌握のために築いた「囲郭集落」の発展形態という側面をもっており、移民を付属するのも「囲郭集落」から継承したことである。しかし「囲郭集落」の構築が拠点集落の掌握ということに主たる目的があったとみられるのに対して、柵戸の移配と結びついた城柵の造営ははるかに組織的で、律令国家の領域支配の拡大策と結びついていたところに特色がある。律令国家は城柵を設置した地域に移配した柵戸を主体とした郡を建てて領域支配の拡大をはかっていった。公民である柵戸は租や調庸などの賦課の対象となり、軍団兵の供給源や緊急時の兵力ともなるなど、城柵を拠点とする蝦夷支配の人的・物的基盤として不可欠の存在であった。

もう一方で城柵は、その地域の本来の住民である蝦夷を俘囚身分に編成して城柵の支配下におくとともに、律令国家に服属したさらに遠方の蝦夷を俘軍などに編成して付属させることもあった。城柵は在地の蝦夷に加えて柵戸や遠方の蝦夷など、他地域の民を城柵内、ないしその近傍に住まわせ、統轄下においたのである。したがって城柵の造営は、軍事拠点、あるいは官衙の設置という意義にとどまらず、在地社会の大規模な再編が必ずともなった。しかもそれは城柵が設置された地域にとどまらず、大量の柵戸の供給元であった東国社会や、城柵のもとに組織された蝦夷の出身地にもおよんだことに注意すべきである。

　城柵の設置にともなう在地社会の再編は、古代東北の歴史にあらたな展開をもたらした。それは城柵設置地域における移民系住民(倭人)と蝦夷系住民の混住という居住形態に端的に示されるが、このような国家権力によってつくりだされた居住形態は、さらにあらたな倭人と蝦夷の交流、対立、同化といった動きを惹起していくのである。道嶋《みちしまの》嶋足《しまたり》▲の都《みやこ》での出世を契機にいちやく陸奥国を代表する有力豪族となった道嶋氏は東国の移民出身であるし、伊治城で俘軍を率いて反乱を起こした伊治公呰麻呂はこの地域を拠点とする服属した蝦夷の族長であったことを想起していただきたい。城柵によって編成を受けた人びとが古代東北の歴史をつくっていったといっても過言でないであろう。

▼道嶋嶋足　?〜七八三年。陸奥国牡鹿郡出身の武人。もと丸子《まるこ》嶋足・牡鹿嶋足という。トネリとして中央に出仕し、武人としての才能が認められて出世する。とくに七六四(天平宝字八)年、藤原仲麻呂の乱において、仲麻呂の子の訓儒麻呂《くずまろ》を射殺した武勲によっていちやく貴族の仲間入りを果たし、道嶋の姓を授かる。中央官人として出世したのちも、陸奥国に大きな影響力をもち、諸豪族の改賜姓の斡旋をしたり、蝦夷とのあいだに起こった紛争の調停なども行っている。また道嶋氏一族は、嶋足の栄達とともに陸奥国随一の大豪族となる。

蝦夷・城柵研究のこれから

古代東北史の研究は、蝦夷《えみし》と城柵《じょうさく》の研究を中心として進められてきたが、戦前の蝦夷を未開で野蛮な先住民＝異民族とみて、城柵を彼らを〝征伐〟するための城砦ととらえた見解は、工藤雅樹氏が指摘しているように、皇国史観《こうこくしかん》▲と結びついていた。戦後有力になる辺民《へんみん》説と城柵官衙《かんが》説は、そのような古い歴史観を破壊し、克服するという点で大きな意味があったことはいうまでもない。ただそこにはもう一つ、別の価値観が投影されていたように思われる。東北地方はけっしてそんなに遅れた地域ではない、白河《しらかわ》の関《せき》▲より南の地域と基本的に変わらないのだという、東北人の屈折した思いである。筆者も東北出身の人間なので、このような心情はよく理解できるつもりである。

▼皇国史観　日本は万世一系《ばんせいいっけい》の天皇が統治する神国《しんこく》で、日本国民(＝大和《やまと》民族)は臣民《しんみん》として古来より天皇に仕えてきたとする天皇中心史観。天皇を君主《くんしゅ》としていただく国家体制(国体《こくたい》)を至上のものとし、それを世界にもおよぼそうとした。このような思想のもとで、戦前日本の植民地《しょくみんち》であった朝鮮では皇民化《こうみんか》政策と呼ばれる苛烈な同《どう》化《か》政策がとられた。これは日本人

（大和民族）の優秀性を前提として、他民族までも強引に同化しようとする政策で、それを古代に投影したのが、蝦夷を異民族視し、東北古代史をその同化の歴史とみる歴史観である。

▼白河の関　東山道《とうさんどう》で下野《しもつけ》国から陸奥《むつ》国にはいったところにおかれた古代の関所《せきしょ》。福島県白河市旗《はた》宿《じゅく》に白河関跡がある。平安末期には関所としての実態を失ってしまうが、その後も白河を東北の入り口とする観念は近代にいたるまで残った。

しかしながら筆者は、最近、このような価値観は、ややもすると東北地方に独自な文化要素を正当に評価することを阻害しかねず、ひいては単一民族文化論に与《くみ》することにもなりかねないのではないかと思うようになった。古代の東北・北海道、とくに東北北部より北の地域は、文化的にも政治的にも独自の特色をもっていた——研究者は、まずこのことをあるがままに認識することからスタートするべきである。そしてこのことを先進・後進という、一元的で単純な進歩史観で評価するのは、もはや時代遅れの歴史観であると思う。

古代の東北・北海道は古代国家の周縁に位置しており、このこと自体、他地域と大きく異なる歴史的条件となったはずであるが、それに加えてこの地域は日本列島の最北部に位置しており、東北南部以南の地域とは自然環境も同じではなかった。強力な政治権力の所在地から遠く離れれば、その権力との関わり方が異なってくるのは当然であるし、自然環境が違えば、そこに住む人びとの環境に対する適応の仕方が異なるのもあたりまえである。朝鮮半島から列島に伝えられた文物の東北地方への伝播が、時間差の大小は別にして、関東や北陸より遅れるのも自明のことであろう。しかし、東北には北海道方面から北方系の文化がはいって来やすいという利点があるし、広大な原野やサケの遡上など、ほかの地域にまさる自然環境もあったことを積極的に評価すべきである。倭人《わじん》から受容した馬飼《うまかい》が蝦夷社会で独自の発展をとげたのは、そのような豊かな自然環境や蝦夷の生業形態と密接な関連性があるのではないかと思われる。『藤《ふじ》原保則伝《わらのやすのりでん》』▲によれば、九世紀後半の出羽国《でわのくに》は、土地が肥沃でさまざまな特産品があり、中央の貴族《きぞく》の子弟が名馬や良い鷹を求めて雲のごとく集まってきていたという。都人《みやこびと》をも引きつけてやまない魅力ある国になっていたのである。

古代の東北・北海道には南北両系統の文化が伝播し、それらが根づいて独自の融合形態が生まれていた。また住民も、城柵が設置された地域を中心に柵戸《きのへ》＝移民と蝦夷の雑居という他地域にない構成をとるところが一定の領域を占めていた。東北北部や北海道の住民間では、伝統的な狩猟や遡上してくるサケの捕獲が一定の重要性を持ち続けるなど、異なる自然環境へ適応した生業形態をはじめとして、言語や墓制も倭人とは異なる独自のものを保持していた。このような東北・北海道地域の異質な文化要素を積極的に評価する歴史像を構築していくことが、筆者の今後の課題である。

▼『藤原保則伝』　藤原保則（八二五〜八九五年）は、平安初期を代表する良吏《りょうり》の一人。実務官人や国司《こくし》として治績をあげた。とくに八七八（元慶二）年に出羽で勃発した元慶《がんぎょう》の乱《らん》をたくみに収拾したことは有名である。『藤原保則伝』は、三善清行《みよしきよゆき》が九〇七（延喜《えんぎ》七）年に著わした彼の伝記で、理想の良吏として保則の功績をたたえている。

●—写真所蔵・提供者一覧(敬称略, 五十音順)

青森県埋蔵文化財調査センター　p. 22
青森県立青森北高等学校・青森県立郷土館(寄託・提供)　p. 5
秋田県埋蔵文化財センター　p. 24, 25右
旭川市博物館　p. 4
胆沢町教育委員会　p. 20
石巻市教育委員会　p. 28
(財)岩手県文化振興事業団埋蔵文化財センター　p. 25左, 29, 32
北上市教育委員会　カバー裏(蕨手刀), 扉
北上市教育委員会・岩手日報社　カバー裏(馬具), p. 43
個人・花巻市教育委員会　p. 101
仙台市教育委員会　カバー表, p. 49, 51, 56, 57
宮城県多賀城跡調査研究所『多賀城と古代東北』より　p. 74下右
矢巾町教育委員会　p. 37

研究発表会資料』(財)福島県文化振興事業団, 2002年
進藤秋輝「多賀城創建をめぐる諸問題」『東北古代史の研究』吉川弘文館, 1986年
高橋信雄「岩手県における末期古墳群の再検討」『北奥古代文化』18号, 1987年
辻秀人「列島における東北世界の成立」『歴史のなかの東北』河出書房新社, 1998年
平川南「多賀城の創建年代」『国立歴史民俗博物館研究報告』50集, 1993年
村田晃一「飛鳥・奈良時代の陸奥北辺—移民の時代—」『宮城考古学』2号, 2000年
村田晃一「7世紀集落研究の視点(1)」『宮城考古学』4号, 2002年
八木光則「7～9世紀の墓制—東北北部の様相—」『蝦夷・律令国家・日本海』日本考古学協会1997年度秋田大会実行委員会, 1997年

伊東信雄『古代東北発掘』学生社, 1973年
伊藤博幸「七・八世紀エミシ社会の基礎構造」『岩手史学研究』70号, 1987年
宇部則保「東北北部型土師器にみる地域性」『海と考古学とロマン』市川金丸先生古稀を祝う会, 2002年
大林太良「民族学から見た蝦夷」『蝦夷』(日本古代文化の探究)社会思想社, 1979年
熊谷公男「古代蝦夷の文化」『白い国の詩』498号, 東北電力, 1998年
高橋誠明・吉谷昭彦「宮城県における続縄文系石器の意義と石材の原産地同定」『宮城考古学』3号, 2001年
高橋信雄「岩手の古代集落」『日高見国』菊池啓治郎学兄還暦記念会, 1985年
藤沢敦「倭の周縁における境界と相互関係」『考古学研究』48巻3号, 2001年
八木光則「蕨手刀の変遷と性格」『考古学の諸相』坂詰秀一先生還暦記念会, 1996年

③—古代国家の蝦夷支配

今泉隆雄「古代東北城柵の城司制」『北日本中世史の研究』吉川弘文館, 1990年
石松好雄・桑原滋郎『大宰府と多賀城』(古代日本を発掘する)岩波書店, 1985年
大石直正「中世の黎明」『中世奥羽の世界』(UP選書)東京大学出版会, 1978年
岡田茂弘「陸奥国府多賀城の建設」『東北歴史博物館研究紀要』4号, 2003年
熊谷公男「阿倍比羅夫北征記事の基礎的考察」『東北古代史の研究』吉川弘文館, 1986年
熊谷公男「黒川以北十郡の成立」『東北学院大学東北文化研究所紀要』21号, 1989年
熊谷公男「古代城柵の基本的性格をめぐって」『国史談話会雑誌』38号, 1997年
熊谷公男「養老四年の蝦夷の反乱と多賀城の創建」『国立歴史民俗博物館研究報告』84集, 2000年
古代城柵官衙遺跡検討会『第29回古代城柵官衙遺跡検討会資料集』2003年
佐藤敏幸「律令国家形成期の陸奥国牡鹿地方(1)」『宮城考古学』5号, 2003年
菅原祥夫「阿武隈川流域の古代集落」『平成14年度発掘調査研究成果公開

●──参考文献

阿部義平『蝦夷と倭人』(日本史のなかの考古学)青木書店, 1999年
榎森進編『アイヌの歴史と文化』1, 創童社, 2003年
工藤雅樹『城柵と蝦夷』(考古学ライブラリー)ニュー・サイエンス社, 1989年
工藤雅樹『蝦夷と東北古代史』吉川弘文館, 1998年
熊谷公男『古代の蝦夷と城柵』(歴史文化ライブラリー)吉川弘文館, 2004年
熊田亮介『古代国家と東北』吉川弘文館, 2003年
小林昌二『高志の城柵』(新大人文選書)高志書院, 2005年
鈴木拓也『古代東北の支配構造』吉川弘文館, 1998年
鈴木靖民編『古代蝦夷の世界と交流』(古代王権と交流)名著出版, 1996年
須藤隆・今泉隆雄編『新版　古代の日本』9巻, 角川書店, 1992年
関口明『古代東北の蝦夷と北海道』吉川弘文館, 2003年
高橋崇『律令国家東北史の研究』吉川弘文館, 1991年
高橋富雄『蝦夷』(日本歴史叢書)吉川弘文館, 1963年
虎尾俊哉『律令国家と蝦夷』(若い世代と語る日本の歴史)評論社, 1975年
新野直吉『古代東北の開拓』(塙選書)塙書房, 1969年
蓑島栄紀『古代国家と北方社会』吉川弘文館, 2001年

①―蝦夷とは何か

石上英一「古代東アジア地域と日本」『日本の社会史』1巻, 岩波書店, 1987年
今泉隆雄「律令国家と蝦夷」『宮城県の歴史』山川出版社, 1999年
熊谷公男「蝦夷の誓約」『奈良古代史論集』1集, 1985年
熊谷公男「蝦夷と王宮と王権と」『奈良古代史論集』3集, 1997年
西嶋定生『日本歴史の国際環境』(UP選書)東京大学出版会, 1985年
古垣玲「蝦夷・俘囚と夷俘」『川内古代史論集』4号, 1988年
山田秀三『アイヌ語地名の研究』(山田秀三著作集)全4巻, 草風館, 1982〜83年

②―蝦夷文化の形成

石井淳「北日本における後北C2-D式期の集団様相」『物質文化』63号, 1997年

日本史リブレット11
蝦夷《えみし》の地《ち》と古代国家《こだいこっか》
2004年3月25日　1版1刷　発行
2019年12月20日　1版6刷　発行
著者：熊谷公男《くまがいきみお》
発行者：野澤伸平
発行所：株式会社 山川出版社
〒101－0047　東京都千代田区内神田1－13－13
電話 03(3293)8131(営業)
03(3293)8135(編集)
https://www.yamakawa.co.jp/
振替 00120-9-43993
印刷所：明和印刷株式会社
製本所：株式会社 ブロケード
装幀：菊地信義

Printed in Japan ISBN 978-4-634-54110-8

日本史リブレット　第Ⅰ期［68巻］・第Ⅱ期［33巻］　全101巻

1 旧石器時代の社会と文化
2 縄文の豊かさと限界
3 弥生の村
4 古墳とその時代
5 大王と地方豪族
6 藤原京の形成
7 古代都市平城京の世界
8 古代の地方官衙と社会
9 漢字文化の成り立ちと展開
10 平安京の暮らしと行政
11 蝦夷の地と古代国家
12 受領と地方社会
13 出雲国風土記と古代遺跡
14 東アジア世界と古代の日本
15 地下から出土した文字
16 古代・中世の女性と仏教
17 古代寺院の成立と展開
18 都市平泉の遺産
19 中世に国家はあったか
20 中世の家と性
21 武家の古都、鎌倉
22 中世の天皇観
23 環境歴史学とはなにか
24 武士と荘園支配
25 中世のみちと都市
26 戦国時代、村と町のかたち
27 破産者たちの中世
28 境界をまたぐ人びと
29 石造物が語る中世職能集団
30 中世の日記の世界
31 板碑と石塔の祈り
32 中世の神と仏
33 中世社会と現代
34 秀吉の朝鮮侵略
35 町屋と町並み
36 江戸幕府と朝廷
37 キリシタン禁制と民衆の宗教
38 慶安の触書は出されたか
39 近世村人のライフサイクル
40 都市大坂と非人
41 対馬からみた日朝関係
42 琉球の王権とグスク
43 琉球と日本・中国
44 描かれた近世都市
45 武家奉公人と労働社会
46 天文方と陰陽道
47 海の道、川の道
48 近世の三大改革
49 八州廻りと博徒
50 アイヌ民族の軌跡
51 錦絵を読む
52 草山の語る近世
53 21世紀の「江戸」
54 近代歌謡の軌跡
55 日本近代漫画の誕生
56 海を渡った日本人
57 近代日本とアイヌ社会
58 スポーツと政治
59 近代化の旗手、鉄道
60 情報化と国家・企業
61 民衆宗教と国家神道
62 日本社会保険の成立
63 歴史としての環境問題
64 近代日本の海外学術調査
65 戦争と知識人
66 現代日本と沖縄
67 新安保体制下の日米関係
68 戦後補償から考える日本とアジア
69 遺跡からみた古代の駅家
70 古代の日本と加耶
71 飛鳥の宮と寺
72 古代東国の石碑
73 律令制とはなにか
74 正倉院宝物の世界
75 日宋貿易と「硫黄の道」
76 荘園絵図が語る古代・中世
77 対馬と海峡の中世史
78 中世の書物と学問
79 史料としての猫絵
80 寺社と芸能の中世
81 一揆の世界と法
82 戦国時代の天皇
83 日本史のなかの戦国時代
84 兵と農の分離
85 江戸時代のお触れ
86 江戸時代の神社
87 大名屋敷と江戸遺跡
88 近世商人と市場
89 近世鉱山をささえた人びと
90 「資源繁殖の時代」と日本の漁業
91 江戸の浄瑠璃文化
92 江戸時代の老いと看取り
93 近世の淀川治水
94 日本民俗学の開拓者たち
95 軍用地と都市・民衆
96 感染症の近代史
97 陵墓と文化財の近代
98 徳富蘇峰と大日本言論報国会
99 労働力動員と強制連行
100 科学技術政策
101 占領・復興期の日米関係